하루 10분 쓰면서 배우는
천자문 펜글씨 쓰기

하루 10분 쓰면서 배우는
천자문 펜글씨 쓰기

하루 10분 쓰면서 배우는
천자문 펜글씨 쓰기

3쇄 발행　　2025년 12월 10일

편저자　　시사정보연구원
발행인　　권윤삼
발행처　　도서출판 산수야

등록번호　　제1-1515호
주소　　서울시 마포구 월드컵로 165-4
우편번호　　121-826
전화　　02-332-9655
팩스　　02-335-0674

ISBN 978-89-8097-366-8　　13710

천자문 펜글씨 쓰기

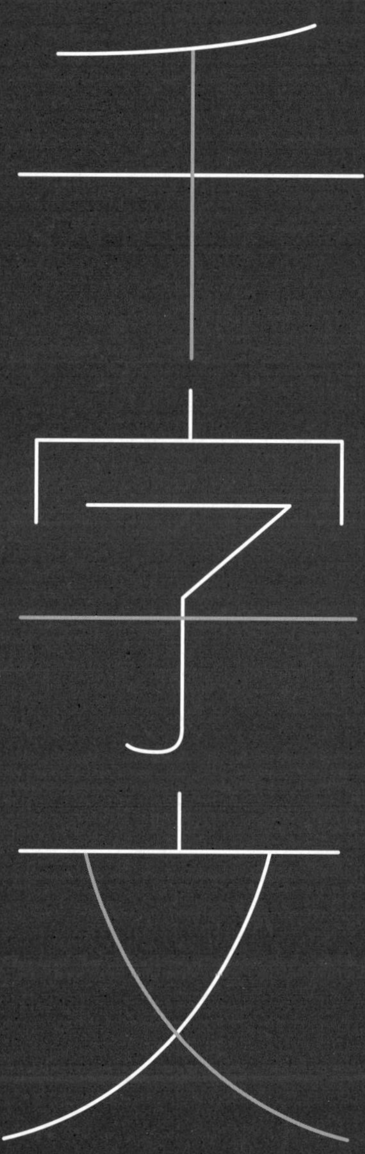

역사와 철학의 지혜를 담고 있는 인성교육의 보고(寶庫)인 천자문은
세상의 이치, 자연의 이치 나아가 우주의 이치를 깨닫게 하는 인생철학서이다

시사패스
SISAPASS.COM

머리말

한자 문화권이었던 이 땅의 선비들과 예비 선비들이 외우고 또 외웠던 책 중에 천자문이 있다. 천자문은 학문을 시작할 때 배우는 책으로 한자 1,000자를 엮어 만든 것이다. 6세기 초반 중국 양나라 무제 때 주흥사가 지었다고 전해지는 천자문은 삼국시대 이 땅에 들어와 소학, 동몽선습, 통감절요 등을 통틀어 가장 인기 있는 학습서로 자리매김했고, 한학 교육이 공교육에서 퇴출된 일제 강점기에 들어서도 밀리언셀러로 군림하기도 했다.

천자문은 백수문(白首文)으로도 불린다. 그 이유는 저자 주흥사(周興嗣, 470?~521)가 하룻밤 사이에 이 글을 짓고는 검었던 머리가 하얗게 변했다는 전설에서 유래하였다. 이외에도 다양한 전설이 전해지고 있는 천자문은 천 개의 글자로 이루어진 책이며, 장편 시이기도 하다.

천자문은 한 문장(여덟 글자) 안에서 두 구절(각 네 글자)이 대조를 이루는 경우가 대부분이며, 각 구절(네 글자) 안에서 두 글자씩 대조를 이루는 경우도 대부분이다. 이는 형식면이나 내용적인 면에서 그렇고, 문장의 주술관계나 문장 성분 역시 대부분 정확한 대조를 이루는 특징을 가지고 있다. 따라서 이러한 특징을 유의하면서 이 책을 학습한다면 보다 능률적인 성과를 이룰 수 있을 것이다.

천자문은 한자를 학습하기 위해 보는 책이라기보다는 천자문이 지닌 내용의 깊이와 우주까지 포괄하는 넓이로 인하여 오늘날에도 그 가치가 줄여들지 않았다고 자부할 수 있다. 특히 동양 정신의 뿌리와 요체를 깊이 연구하려는 사람들에게 천자문은 더 없이 훌륭한 길잡이 역할을 하기 때문이다.

천자문은 한국과 중국, 일본 등에서 공통으로 배움의 길에 들어선 입문자들을 위한 문자 학습 교재로 널리 활용되었던 책이다. 현대 교육과 크나큰 차이를 보이고 있는 천자문이지만 예나 지금이나 담고 있는 사상의 심오함이나 가치적인 측면에서는 변함없이 그 무게감을 지니고 있다. 이 책의 특징은 각각의 한자에 대하여 급수와 쓰임 등을 자세하게 덧붙여 한자 급수 시험을 준비하는 사람에게도 도움이 될 수 있도록 편집하였다는 점이다.

문사철(文史哲)의 핵심을 간추린 인성교육의 보고(寶庫)로 자리 잡은 천자문(千字文)을 하루 일과 중 10분을 할애하여 손으로 쓰면서 익히다 보면 어느새 책이 담고 있는 내용의 깊이와 넓이가 조용히 마음속으로 다가올 것이다.

✻ 한자의 형성원리(六書) ✻

1. **상형문자**(象形文字) : 사물의 모양과 형태를 본뜬 글자

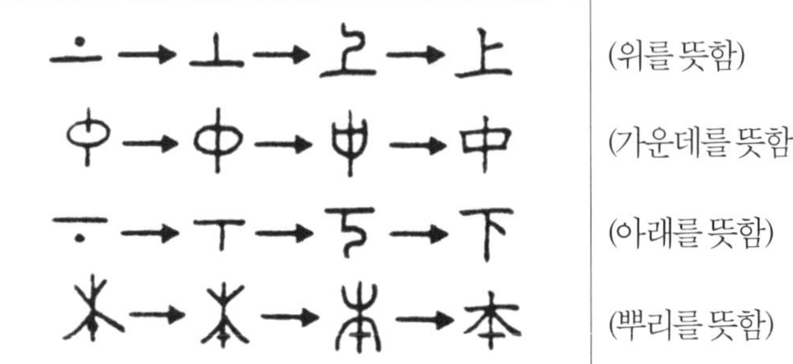

2. **지사문자**(指事文字) : 사물의 모양으로 나타낼 수 없는 뜻을 점이나 선 또는 부호로 나타낸 글자

(위를 뜻함)

(가운데를 뜻함)

(아래를 뜻함)

(뿌리를 뜻함)

3. **회의문자**(會意文字) : 이미 만들어진 글자를 2개 이상 합한 글자

人(사람 인)+言(말씀 언) = 信(믿을 신) : 사람의 말은 믿는다.

田(밭 전)+力(힘 력) = 男(사내 남) : 밭에서 힘써 일하는 사람.

日(날 일)+月(달 월) = 明(밝을 명) : 해와 달이 밝다.

人(사람 인)+木(나무 목) = 休(쉴 휴) : 사람이 나무 아래서 쉬다.

① 동체회의(同體會意) : 같은 글자를 합한 것

月＋月＝朋　　　　日＋日＝昌

匕＋匕＝比　　　　立＋立＝竝

② 이체회의(異體會意) : 다른 글자를 합한 것

十＋口＝古　　　　人＋立＝位

口＋鳥＝鳴　　　　木＋日＝東

③ 생체회의(省體會意) : 두 글자가 합칠 때 일부분을 줄여서 합한 것

老＋子＝孝　　　　羊＋我＝義

營＋力＝勞

4. **형성문자**(形聲文字) : 뜻을 나타내는 부분과 음을 나타내는 부분을 합한 글자

   口(큰입 구)+未(아닐 미)＝味(맛볼 미)　　　左意右音 좌의우음

   工(장인 공)+力(힘 력)＝功(공 공)　　　右意左音 우의좌음

   田(밭 전)+介(끼일 개)＝界(지경 계)　　　上意下音 상의하음

   相(서로 상)+心(마음 심)＝想(생각 상)　　　下意上音 하의상음

   口(큰입 구)+古(옛 고)＝固(굳을 고)　　　外意內音 외의내음

   門(문 문)+口(입 구)＝問(물을 문)　　　內意外音 내의외음

5. **전주문자**(轉注文字) : 있는 글자에 그 소리와 뜻을 다르게 굴리고(轉) 끌어내어(注) 만든 글자

   樂(풍류 악)→(즐길 락 · 좋아할 요)　　　예) 音樂(음악), 娛樂(오락)

   惡(악할 악)→(미워할 오)　　　예) 善惡(선악), 憎惡(증오)

   長(긴 장)→(어른 · 우두머리 장)　　　예) 長短(장단), 課長(과장)

6. **가차문자**(假借文字) : 본 뜻과 관계없이 음만 빌어 쓰는 글자를 말하며 한자의 조사, 동물의 울음소리,
외래어를 한자로 표기할 때 쓰인다.

  東天紅(동천홍)→닭의 울음소리

  然(그럴 연)→그러나(한자의 조사)

  亞米利加(아미리가)→America(아메리카)

  可口可樂(가구가락)→Cocacola(코카콜라)

  弗(불)→$(달러, 글자 모양이 유사함)

  伊太利(이태리)→Italy(이탈리아)

  亞細亞(아세아)→Asia(아세아)

＊ 한자 쓰기의 기본원칙 ＊

1. 위에서 아래로 쓴다.

　言(말씀 언)→ 　丶 一 二 三 言 言 言

　雲(구름 운)→ 　一 厂 戶 亦 雨 雨 雪 雪 雪 雲 雲

2. 왼쪽에서 오른쪽으로 쓴다.

　江(강 강)→ 　丶 丶 氵 汀 江 江

　例(법식 예)→ 　丿 亻 仃 俏 例 例 例 例

3. 가로획과 세로획이 겹칠 때는 가로획을 먼저 쓴다.

　用(쓸 용)→ 　丿 冂 冃 月 用

　共(함께 공)→ 　一 十 廾 共 共 共

4. 삐침과 파임이 만날 때는 삐침을 먼저 쓴다.

　人(사람 인)→ 　丿 人

　文(글월 문)→ 　丶 亠 亣 文

5. 좌우가 대칭될 때에는 가운데를 먼저 쓴다.

　小(작을 소)→ 　亅 小 小

　承(받들 승)→ 　乛 了 了 手 手 承 承 承

6. 둘러 싼 모양으로 된 자는 바깥쪽을 먼저 쓴다.

　同(같을 동)→ 　丨 冂 冂 同 同 同

　病(병날 병)→ 　丶 亠 广 疒 疒 疒 病 病 病

7. 글자를 가로지르는 가로획은 나중에 긋는다.

　女(여자 녀)→ 　く 女 女

　母(어미 모)→ 　く 口 口 口 母

8. 글자 전체를 꿰뚫는 세로획은 나중에 쓴다.

　車(수레 거)→ 　一 厂 厒 盲 亘 車 車

　事(일 사)→ 　一 厂 厒 曱 旦 写 写 事

9. 책받침(辶, 廴)은 나중에 쓴다.

近(원근 근)→ 丶 丆 斤 斤 近 近 近 近

建(세울 건)→ ㄱ ㅋ ㅋ ㅋ ㅌ 聿 津 建 建

※ 走(달릴 주), 足(발 족), 是(이 시)등은 받침을 먼저 쓴다.

■ 한자의 기본 점(點)과 획(劃)
　(1) 점
　　① 「丶」: 왼점　　　　　　　　② 「丶」: 오른점
　　③ 「丷」: 오른 치킴　　　　　④ 「丷」: 오른점 삐침
　(2) 직선
　　⑤ 「一」: 가로긋기　　　　　⑥ 「丨」: 내리긋기
　　⑦ 「乛」: 평갈고리　　　　　⑧ 「丬」: 왼 갈고리
　　⑨ 「乚」: 오른 갈고리
　(3) 곡선
　　⑩ 「丿」: 삐침　　　　　　　⑪ 「乀」: 치킴
　　⑫ 「丶」: 파임　　　　　　　⑬ 「辶」: 받침
　　⑭ 「亅」: 굽은 갈고리　　　⑮ 「乀」: 지게다리
　　⑯ 「乁」: 누운 지게다리　　⑰ 「乚」: 새가슴

少 ②	火 ③④	主 ⑤	伸 ⑥
揮 ⑦⑧	表 ⑨	冷 ⑩⑪⑫	送 ⑬
乎 ⑭	式 ⑮	忠 ⑯	兄 ⑰

✳ 부수의 짜임 ✳

1. 뜻 : 部(부)의 대표문자를 部首(부수)라 한다.

   즉, 부수는 주로 漢字(한자)의 뜻과 소리를 나타낸다.

   부수에 해당하는 한자가 다른 글자 속에 포함될 때는 글자의 모양이 변한다.

   예)「水」가 왼쪽에 붙을 때는「氵」(삼수변)

   　「刀」가 오른쪽에 붙을 때는「刂」(칼도방)

2. 위치

   (1) 邊(변) : 부수가 글자의 왼쪽에 있다.

   예 女(여자 녀) → 姉(누이 자)　　　妹(누이 매)

   　　車(수레 거) → 轉(구를 전)　　　輪(바퀴 륜)

   (2) 傍, 旁(방) : 부수가 글자의 오른쪽에 있다.

   예 彡(터럭 삼) → 形(형상 형)　　　彩(무늬 채)

   　　隹(새 추) → 雜(섞일 잡)　　　難(어지러울 난)

   (3) 頭(두 : 머리) : 부수가 글자의 위에 있다.

   예 宀(갓머리) → 安(편안할 안)　　　定(정할 정)

   　　竹(대죽머리) → 筆(붓 필)　　　策(꾀 책)

   (4) 脚(각 : 발) : 부수가 글자의 밑에 있다.

   예 灬(불화) → 照(비칠 조)　　　熱(더울 열)

   　　皿(그릇명밑) → 盛(성할 성)　　　監(살필 감)

   (5) 繞(요 : 받침) : 부수가 글자의 변과 발을 싸고 있다.

   예 走(달아날 주) → 起(일어날 기)　　　越(넘을 월)

   　　辶(책받침) → 近(가까울 근)　　　進(나갈 진)

(6) 垂(수 : 엄호) : 부수가 글자의 위와 왼쪽을 싸고 있다.

  예 厂(민엄 호)→原(근본 원)   厚(후할 후)

    广(엄 호)→床(침상 상)   度(법도 도)

(7) 構(구 : 몸) : 부수가 글자를 에워싸고 있다.

  예 口(큰입구몸)→國(나라 국)   園(동산 원)

    門(문문)→閑(한가할 한)   間(사이 간)

(8) 제부수 : 글자 자체가 부수자

  예 一(한 일) 入(들 입) 色(빛 색) 面(낯 면)

    高(높을 고) 麥(보리 맥) 鼓(북 고) 龍(용·용)

※ 변형부수 : 亻, 忄, 阝, 月, ++, 燃, 礻, 辶, 輪, 皀, 辶, 瑠, 氵, 湶, 巛, 魋, 歺, 爫, 䜌 등

3. 주요한 부수

 (1) 人(인 : 사람과 관계가 있다) ······ 位·休·信·佛·令

 (2) 刀(도 : 칼붙이·베다와 관계가 있다) ······ 刊·別·分·切·初

 (3) 口(구 : 입다·먹다·마시다와 관계가 있다) ······ 味·吸·唱·可·合

 (4) 土(토 : 흙·지형과 관계가 있다) ······ 地·場·型·基·垂

 (5) 心(심 : 사람의 마음과 관계가 있다) ······ 性·快·情·志·愛

 (6) 手(수 : 손으로 하는 일과 관계가 있다) ······ 打·投·持·承·才

 (7) 水(수 : 물·강·액체와 관계가 있다) ······ 河·池·永·泉·漢

 (8) 火(화 : 불·빛·열과 관계가 있다) ······ 燒·燈·燃·照·熱

 (9) 糸(사 : 실·천과 관계가 있다) ······ 紙·細·絹·系·素

 (10) 艸(초 : 식물과 관계가 있다) ······ 花·草·葉

 (11) 雨(우 : 기상과 관계가 있다) ······ 雲·雪·電·震·霜

天地는 玄黃이고 宇宙는 洪荒이라

하늘은 검고 땅은 누르며, 우주는 넓고도 크다.

天 하늘 **천**	7급 大 4획	天 天 天 天
		天才(하늘 천, 재주 재) 태어날 때부터 갖춘 재주. 또는 뛰어난 재주를 말함. 天下(하늘 천, 아래 하) 하늘 아래, 온 나라.
地 땅 **지**	7급 土 6획	地 地 地 地 地 地
		地球(땅 지, 구슬 구) 인류가 사는 천체(天體). 土地(흙 토, 땅 지) 땅.
玄 검을 **현**	3급 玄 5획	玄 玄 玄 玄 玄
		玄學(검을 현, 배울 학) 심오한 학문. 玄米(검을 현, 쌀 미) 벼의 껍질만 벗기고 쓿지 않은 쌀.
黃 누를 **황**	6급 黃 12획	黃 黃 黃 黃 黃 黃 黃 黃 黃 黃 黃 黃
		黃金(누를 황, 쇠 금) 금. 다시 말해 재물을 일컬음. 黃土(누를 황, 흙 토) 누르고 거무스름한 흙.
宇 집 **우**	3급 宀 6획	宇 宇 宇 宇 宇 宇
		宇宙(집 우, 집 주) 온 세계를 둘러싸고 있는 공간. 宇內(집 우, 안 내) 온 세상.
宙 집 **주**	3급 宀 8획	宙 宙 宙 宙 宙 宙 宙 宙
		碧宙(푸를 벽, 집 주) 푸른 하늘. 宇宙(집 우, 집 주) 온 세상을 둘러싸고 있는 공간.
洪 넓을 **홍**	3급 水 9획	洪 洪 洪 洪 洪 洪 洪 洪 洪
		洪水(넓을 홍, 물 수) ① 큰물. ② 사람이나 사물 등이 아주 많음의 비유. 洪福(넓을 홍, 복 복) 큰 복.
荒 거칠 **황**	3급 艸 10획	荒 荒 荒 荒 荒 荒 荒 荒 荒 荒
		荒野(거칠 황, 들 야) 돌보지 않아 거칠게 된 들판. 荒廢(거칠 황, 폐할 폐) 거칠어서 못 쓰게 됨.

天地玄黃(천지현황) : 하늘은 위에서 덮고 있는데 그 빛이 검고, 땅은 아래에서 딛고 있는데 그 빛이 누렇다.
宇宙洪荒(우주홍황) : 하늘과 땅 사이. 즉, 이 세상은 매우 크고 넓어서 끝이 없다.

日月은 盈昃하고 辰宿은 列張이라

해와 달은 차고 기울며, 별과 별자리들은 벌여 있다.

日	8급 日 4획	日 冂 日 日
		日出(날 일, 날 출) 해가 돋는 것. 來日(올 내, 날 일) 오늘의 바로 다음 날.
날 **일**	日	
月	8급 月 4획	月 月 月 月
		月光(달 월, 빛 광) 달빛. 歲月(해 세, 달 월) 흘러가는 시간.
달 **월**	月	
盈	2급 皿 9획	盈 盈 盈 盈 盈 盈 盈 盈
		盈月(찰 영, 달 월) 보름달이 됨. 만월. 盈虛(찰 영, 빌 허) 가득참과 이지러짐.
찰 **영**	盈	
昃	무급 日 8획	昃 昃 昃 昃 昃 昃 昃 昃
		昃聞(기울 측, 들을 문) 얼핏 풍문에 듣는 것. 昃食(기울 측, 밥 식) 저녁밥.
기울 **측**	昃	
辰	3급 辰 7획	辰 辰 辰 辰 辰 辰 辰
		辰宿(별 진, 별자리 수) 별자리의 별들. 生辰(날 생, 때 신) '생일'의 높임말.
별 **진·신**	辰	
宿	5급 宀 11획	宿 宿 宿 宿 宿 宿 宿 宿 宿 宿 宿
		宿命(잘 숙, 목숨 명) 날 때부터 정해진 운명. 下宿(아래 하, 잘 숙) 돈을 내고 남의 집에서 먹고 자는 것.
별자리 **수** 잘 **숙**	宿	
列	4급 刀 6획	列 列 列 列 列 列
		列擧(벌릴 열, 들 거) 여러 가지 예를 듦. 陳列(베풀 진, 벌릴 열) 여러 사람에게 보이기 위하여 죽 늘어 놓는 것.
벌릴 **렬**	列	
張	4급 弓 11획	張 張 張 張 張 張 張 張 張 張 張
		張力(베풀 장, 힘 력) 당기거나 당겨지는 힘. 主張(주인 주, 베풀 장) 자기의 주의나 의견을 내세우는 것.
베풀 **장**	張	

日月盈昃(일월영측) : 해는 서쪽으로 기울고, 달도 차면 기울어진다.
辰宿列張(진수열장) : 별들은 모두 제자리가 있어서 하늘에 고루 펼쳐져 있다.

寒來暑往하고 秋收冬藏이라

추위가 오면 더위는 가고, 가을에는 거둬들이고 겨울에는 갈무리하여 둔다.

寒	5급 宀 12획	寒寒寒寒寒寒寒寒寒寒寒寒
		寒氣(찰 한, 기운 기) 추위. 추운 기운. 寒冷(찰 한, 찰 냉) 매우 추움.
찰 **한**	寒	寒　寒
來	7급 人 8획	來來來來來來來來
		來日(올 내, 날 일) 오늘의 바로 다음날. 未來(아닐 미, 올 래) 장차 올 앞날.
올 **래**	來	來　來
暑	3급 日 13획	暑暑暑暑暑暑暑暑暑暑暑暑暑
		暑氣(더워 서, 기운 기) 더운 기운. 더위. 暴暑(사나울 폭, 더울 서) 매우 사나운 더위.
더위 **서**	暑	暑　暑
往	4급 彳 8획	往往往往往往往往
		往來(갈 왕, 올 래) ① 오고 가는 것. ② 서로 교제하는 것. 往復(갈 왕, 회복할 복) 갔다가 돌아오는 것.
갈 **왕**	往	往　往
秋	7급 禾 9획	秋秋秋秋秋秋秋秋秋
		秋收(가을 추, 거둘 수) 가을에 익은 곡식을 거두어 들이는 일. 中秋(가운데 중, 가을 추) 가을의 한가운데. 추석.
가을 **추**	秋	秋　秋
收	4급 攴 6획	收收收收收收
		收復(거둘 수, 회복할 복) 잃은 땅을 다시 찾아 거둠. 收錄(거둘 수, 기록할 록) 모아서 기록함.
거둘 **수**	收	收　收
冬	7급 冫 5획	冬冬冬冬冬
		冬眠(겨울 동, 잘 면) 냉혈동물의 겨울잠. 越冬(넘을 월, 겨울 동) 겨울을 남.
겨울 **동**	冬	冬　冬
藏	3급 艸 18획	藏藏藏藏藏藏藏藏藏藏藏藏藏藏藏藏藏藏
		藏書(간직할 장, 글 서) 책을 간직해 두는 것. 또는 그 책. 所藏(바 소, 간직할 장) 간직하고 있는 물건.
감출 **장**	藏	藏　藏

寒來暑往(한래서왕) : 추위가 오면 더위가 가서 사철이 바뀐다.
秋收冬藏(추수동장) : 가을에는 곡식을 거두고 들이고, 겨울에는 추수한 곡식을 저장한다.

閏餘로 成歲하고 律呂로 調陽이라

윤달이 남아 해를 이루고, 육률과 육려로 음양(陰陽)을 어우러지게 한다.

閏 (윤달 윤) — 3급 門 12획
閏閏閏閏閏閏閏閏閏閏閏閏
閏月(윤달 윤, 달 월) 윤달.
閏年(윤달 윤, 해 년) 윤달이 드는 해.

餘 (남을 여) — 4급 食 16획
餘餘餘餘餘餘餘餘餘餘餘餘餘餘
餘韻(남을 여, 운치 운) 가시지 않고 남아 있는 운치.
餘裕(남을 여, 넉넉할 유) 넉넉하고 남음이 있음.

成 (이룰 성) — 6급 戈 7획
成成成成成成
成功(이룰 성, 공 공) 목적을 이루는 것.
成立(이룰 성, 설 립) 일이나 물건이 이루어지는 것.

歲 (해 세) — 5급 止 13획
歲歲歲歲歲歲歲歲歲歲歲歲歲
歲月(해 세, 해 월) 흘러가는 시간.
年歲(해 년, 해 세) '나이'의 높임말.

律 (법 율(률)) — 4급 彳 9획
律律律律律律律律律
律動(법 율, 움직일 동) 음률에 맞추어 춤을 춤.
法律(법 법, 법 률) 질서 유지를 위해 강제하는 규범.

呂 (곡조 려) — 2급 口 7획
呂呂呂呂呂呂呂
六呂(여섯 육, 곡조 려) 십이율(十二律) 중 음성(陰聲)에 속하는 여섯 소리.
律呂(법 률, 곡조 려) 음악이나 음성의 가락.

調 (고를 조) — 5급 言 15획
調調調調調調調調調調調調調調
調味(고를 조, 맛 미) 고르게 음식의 맛을 맞춤.
調和(고를 조, 화할 화) 이것과 저것이 서로 고르게 잘 어울림.

陽 (볕 양) — 6급 阝 12획
陽陽陽陽陽陽陽陽陽陽陽陽
陽地(볕 양, 땅 지) 볕이 바로 드는 땅.
太陽(클 태, 볕 양) 해.

閏餘成歲(윤여성세) : 1년의 남은 시간들을 모아서 4년마다 한 차례씩 윤달을 두어 윤년을 정하였다.
律呂調陽(율려조양) : 4계절에 맞는 육률(六律)과 육려(六呂)로 천지간의 음률을 조절하였다.

雲騰하야 致雨하고 露結하야 爲霜이라

구름이 올라 비가 되고, 이슬이 엉기어 서리가 된다.

雲	5급 雨 12획	雲雲雲雲雲雲雲雲雲雲雲雲									
		雲水(구름 운, 물 수) 구름과 물. 雲集(구름 운, 모일 집) 구름처럼 많이 모임.									
구름 **운**	雲	雲	雲								
騰	2급 馬 20획	朕 月 月 胖 胖 胖 胖 胖 胖 胖 騰 騰 騰 騰 騰 騰 騰									
		騰落(오를 등, 떨어질 락) 오르고 내리는 것. 暴騰(사나울 폭, 오를 등) 물가가 갑자기 크게 오르는 것.									
오를 **등**	騰	騰	騰								
致	5급 至 10획	致致致致致致致致致									
		致賀(이를 치, 하례할 하) 칭찬, 축하의 뜻을 표함. 致死(이를 치, 죽을 사) 죽음에 이름.									
이를 **치**	致	致	致								
雨	5급 雨 8획	雨雨雨雨雨雨雨雨									
		雨衣(비 우, 옷 의) 비가 올 때 입는 옷. 暴雨(사나울 폭, 비 우) 한꺼번에 많이 쏟아지는 비.									
비 **우**	雨	雨	雨								
露	3급 雨 20획	露露露露露露露露露露露露露露露露									
		露宿(이슬 노, 잘 숙) 한 데에서 자는 잠. 露出(드러낼 노, 날 출) 밖으로 드러남.									
이슬 **노(로)**	露	露	露								
結	5급 糸 12획	結結結結結結結結結結結									
		結果(맺을 결, 과실 과) 어떤 원인으로 생긴 결말의 상태. 終結(마칠 종, 맺을 결) 끝을 냄.									
맺을 **결**	結	結	結								
爲	4급 爪 12획	爲爲爲爲爲爲爲爲爲爲爲									
		爲主(할 위, 주인 주) 주장을 삼음. 爲國(할 위, 나라 국) 나라를 위함.									
할 **위**	爲	爲	爲								
霜	3급 雨 17획	霜霜霜霜霜霜霜霜霜霜霜霜霜霜霜									
		霜菊(서리 상, 국화 국) 서리가 올 때 피는 국화. 秋霜(가을 추, 서리 상) 가을의 찬 서리.									
서리 **상**	霜	霜	霜								

雲騰致雨 (운등치우) : 수증기가 올라가서 구름이 되고, 찬 기운과 만나 비가 된다.
露結爲霜 (노결위상) : 수증기는 작은 물방울이 되어 이슬을 맺고, 기온이 더 내려가면 서리가 된다.

金은 生麗水하고 玉은 出崑岡이라

금은 여수(麗水)에서 나고, 구슬은 곤륜산(崑崙山)에서 나온다.

金	8급 金 8획	人 金 金 金 金 全 金 金
		金冠(쇠 금, 갓 관) 황금으로 만든 관. 金錢(쇠 금, 돈 전) 쇠붙이로 만든 돈. 화폐.
쇠 **금**	金	金 金
生	8급 生 5획	生 仁 牛 牛 生
		生日(날 생, 날 일) 태어난 날. 生活(날 생, 살 활) 생명을 가지고 활동하는 것.
날 **생**	生	生 生
麗	4급 鹿 19획	麗 麗 麗 麗 麗 麗 麗 麗 麗 麗 麗 麗 麗 麗 麗 麗 麗
		秀麗(빼어날 수, 고울 려) 빼어나게 아름다움. 華麗(빛날 화, 고울 려) 빛나고 고움.
고울 **려**	麗	麗 麗
水	8급 水 4획	小 水 水 水
		水心(물 수, 깊을 심) 물의 깊이. 山水(메 산, 물 수) 산과 물. 경치.
물 **수**	水	水 水
玉	4급 玉 5획	玉 玉 千 玉 玉
		玉童子(구슬 옥, 아이 동, 아들 자) 귀여운 어린 사내아이. 玉石(구슬 옥, 돌 석) 옥과 돌.
구슬 **옥**	玉	玉 玉
出	7급 凵 5획	出 屮 出 出 出
		出生(날 출, 날 생) 태어남. 出入(날 출, 들 입) 드나듦.
날 **출**	出	出 出
崑	무급 山 11획	崑 崑 崑 崑 崑 崑 崑 崑 崑 崑 崑
		崑山片玉(뫼 곤, 메 산, 조각 편, 구슬 옥) 곤륜산의 조각 옥이라는 뜻으로, 훌륭한 사람 이나 물건을 이르는 말.
뫼 **곤**	崑	崑 崑
岡	2급 山 8획	岡 岡 岡 岡 岡 岡 岡 岡
		岡陵(뫼 강, 언덕 릉) 언덕이나 작은 산. 高岡(높을 고, 언덕 강) 높은 언덕.
뫼 **강**	岡	岡 岡

金生麗水(금생려수) : 금은 여수(麗水)라는 곳에서 많이 난다.
玉出崑岡(옥출곤강) : 옥은 곤강(崑岡)이라는 산에서 많이 나온다.

劍은 號巨闕하고 珠는 稱夜光하니라

칼 가운데는 거궐(巨闕)이 이름났고, 구슬 가운데는 야광(夜光)이 일컬어진다.

劍	3급 刂 15획	劍劍劍劍劍劍劍劍劍劍劍劍劍劍劍
		劍道(칼 검, 길 도) 검술을 닦는 방도. 長劍(긴 장, 칼 검) 긴 칼.
칼 검	劍	劍 劍

號	6급 虍 13획	號號號號號號號號號號號號號
		號令(이름 호, 명령 령) 지휘하여 명령하는 것. 番號(차례 번, 이름 호) 차례를 나타내는 호수.
부를 호	號	號 號

巨	4급 工 5획	巨巨巨巨巨
		巨大(클 거, 클 대) 아주 큼. 巨物(클 거, 만물 물) 큰 물건이나 인물.
클 거	巨	巨 巨

闕	2급 門 18획	闕闕闕闕闕門門門門門門門門門門闕闕闕闕
		宮闕(집 궁, 대궐 궐) 임금이 거처하는 집. 大闕(큰 대, 대궐 궐) 궁궐.
대궐 궐	闕	闕 闕

珠	2급 王 10획	珠珠珠珠珠珠珠珠珠珠
		珠玉(구슬 주, 구슬 옥) ① 구슬과 옥. ② 값지고 귀한 것. 眞珠(참 진, 구슬 주) 진주.
구슬 주	珠	珠 珠

稱	4급 禾 14획	稱稱稱稱稱稱稱稱稱稱稱稱稱稱
		稱讚(일컬을 칭, 기릴 찬) 높이 평가하여 기림. 稱號(일컬을 칭, 이름 호) 사회적으로 불리는 이름.
일컬을 칭	稱	稱 稱

夜	6급 夕 8획	夜夜夜夜夜夜夜夜
		夜間(밤 야, 사이 간) 밤. 深夜(깊을 심, 밤 야) 깊은 밤.
밤 야	夜	夜 夜

光	6급 儿 6획	光光光光光光
		光明(빛 광, 밝을 명) 밝고 환함. 觀光(볼 관, 빛 광) 다른 지방이나 나라의 문물을 구경함.
빛 광	光	光 光

劍號巨闕(검 호 거궐) : 검(劍) 중에서는 거궐(巨闕)이라는 보검이 이름났으며,
珠稱夜光(주 칭 야광) : 구슬 중에서는 야광(夜光)이 제일이다.

果는 珍李柰하고 菜는 重芥薑이라

과일로는 오얏과 버찌를 보배롭게 여기고, 채소로는 겨자와 생강을 중요하게 여긴다.

果	6급 木 8획	果果果果果果果果
		果樹(과실 과, 나무 수) 과일나무. 結果(맺을 결, 과실 과) 열매를 맺는 일.
과실 **과**	果	
珍	4급 王 9획	珍珍珍王珍珍珍珍
		珍味(보배 진, 맛 미) 음식의 썩 좋은 맛. 또는, 그런 음식. 珍品(보배 진, 품격 품) 진귀한 물품.
보배 **진**	珍	
李	6급 木 7획	李李李李李李李
		桃李(복숭아 도, 오얏 리) 복숭아와 자두. 行李(갈 행, 오얏 리) 여행용의 짐.
오얏 **리**	李	
柰	무급 木 9획	柰柰柰柰柰柰李李柰
		柰何(어찌 내, 어찌 하) 어찌. 奈落(어찌 내, 떨어질 락) 지옥.
어찌 **내**	柰	
菜	3급 艸 12획	菜菜菜菜菜菜菜菜菜菜菜菜
		菜蔬(나물 채, 나물 소) 온갖 푸성귀와 나물. 菜食(나물 채, 먹을 식) 채소를 주로 먹음.
나물 **채**	菜	
重	7급 里 9획	重重重重重重重重重
		輕重(가벼울 경, 무거울 중) 가벼움과 무거움. 重量(무거울 중, 헤아릴 량) 무게.
무거울 **중**	重	
芥	1급 艸 8획	芥芥芥芥芥芥芥芥
		芥子(겨자 개, 아들 자) 개자. 草芥(풀 초, 겨자 개) 풀과 띠끌.
겨자 **개**	芥	
薑	1급 艸 17획	薑薑薑薑薑薑薑薑薑薑薑薑薑薑薑薑薑
		乾薑(마를 건, 생강 강) 말린 생강. 生薑(날 생, 생강 강) 생강.
생강 **강**	薑	

果珍李柰(과진리내) : 온갖 과일 중에서 오얏과 버찌를 진귀하게 여긴다.
菜重芥薑(채중개강) : 온갖 채소 중에서는 겨자와 생강을 가장 소중하게 여긴다.

海는 鹹하고 河는 淡하며 鱗은 潛하고 羽는 翔이라

바닷물은 짜고 민물은 심심하며, 비늘 달린 물고기는 물속 깊이 잠기고
깃털 달린 새는 날아다닌다.

海	7급 水 10획	海海海海海海海海海海														
		海路(바다 해, 길 로) 배가 다니는 바다 위의 길. 바닷길. 海外(바다 해, 바깥 외) 바다의 밖. 바다 밖의 다른 나라.														
바다 **해**	海	海	海													

鹹	무급 鹵 20획	鹹鹹鹹鹹鹹鹹鹹鹹鹹鹵鹵鹵鹵鹵鹵鹹鹹鹹														
		鹹度(짤 함, 정도 도) 바닷물 속에 들어 있는 소금의 양. 鹹水(짤 함, 물 수) 짠 물. 소금물.														
짤 **함**	鹹	鹹	鹹													

河	5급 水 8획	河河河河河河河河														
		河川(물 하, 내 천) 강과 내. 河口(물 하, 입구 구) 바다나 호수로 들어가는 강의 어귀.														
물 **하**	河	河	河													

淡	3급 水 11획	淡淡淡淡淡淡淡淡淡淡淡														
		淡水(맑을 담, 물 수) ① 맑은 물. ② 짠맛이 없는 물. 淡香(맑을 담, 향기 향) 맑고 산뜻한 향기.														
맑을 **담**	淡	淡	淡													

鱗	1급 魚 23획	鱗鱗鱗鱼鱼鱼鱼鱼鱼鱼鱗鱗鱗鱗鱗鱗鱗鱗														
		魚鱗(물고기 어, 비늘 린) 물고기의 비늘. 片鱗(조각 편, 비늘 린) 한 조각의 비늘이라는 뜻으로, 극히 작은 한 부분을 말함.														
비늘 **인(린)**	鱗	鱗	鱗													

潛	3급 水 15획	潛潛潛潛潛潛潛潛潛潛潛潛潛潛潛														
		潛伏(잠길 잠, 엎드릴 복) 몰래 숨어 있음. 潛水(잠길 잠, 물 수) 물 속에 잠김.														
잠길 **잠**	潛	潛	潛													

羽	3급 羽 6획	羽羽羽羽羽羽														
		羽翼(깃 우, 날개 익) 날개. 주위에서 도와 줌. 羽毛(깃 우, 터럭 모) 새의 깃과 짐승의 털.														
깃 **우**	羽	羽	羽													

翔	1급 羽 12획	翔翔翔翔翔翔翔翔翔翔翔翔														
		翔空(날 상, 빌 공) 하늘을 날아다님. 飛翔(날 비, 날개 상) 새·비행기 등이 공중을 낢.														
날 **상**	翔	翔	翔													

海鹹河淡(해함하담) : 바닷물은 짜나 민물은 맛도 없고 맑다.
鱗潛羽翔(인잠우상) : 비늘이 있는 물고기는 물속에 잠기고, 날개가 있는 날짐승은 하늘을 난다.

龍師火帝와 鳥官人皇이라

복희씨는 용으로 벼슬 이름을 하였고, 신농씨는 불을 숭상하였으며,
소호씨는 새 이름으로 벼슬 이름을 하였고, 황제는 사람의 문화(文化)를 열었다.

龍	4급 龍 16획	龍龍龍龍龍龍龍龍龍龍龍龍龍龍龍						
		龍宮(용 용, 집 궁) 용왕이 산다고 하는 바다속의 궁전. 恐龍(놀랄 공, 용 룡) 중생대에 살았던 거대한 파충류.						
용 **용(룡)**	龍	龍	龍					
師	4급 巾 10획	師師師師師師師師師師						
		師弟(스승 사, 아우 제) 스승과 제자. 師範(스승 사, 법 범) 스승이 될 만한 모범.						
스승 **사**	師	師	師					
火	8급 火 4획	火火火火						
		火山(불 화, 메 산) 불이 솟아 오르는 산. 火災(불 화, 재앙 재) 불이 나는 재앙.						
불 **화**	火	火	火					
帝	4급 巾 9획	帝帝帝帝帝帝帝帝帝						
		帝國(임금 제, 나라 국) 황제가 통치하는 국가. 帝王(임금 제, 임금 왕) 황제. 국왕. 임금.						
임금 **제**	帝	帝	帝					
鳥	4급 鳥 11획	鳥鳥鳥鳥鳥鳥鳥鳥鳥鳥鳥						
		鳥類(새 조, 같을 류) 새의 종류를 이르는 말. 鳥獸(새 조, 짐승 수) 날짐승과 길짐승.						
새 **조**	鳥	鳥	鳥					
官	4급 宀 8획	官官官官官官官官						
		官吏(벼슬 관, 아전 리) 관직이 있는 사람. 官職(벼슬 관, 직분 직) 관리로서의 직무, 또는 그 지위.						
벼슬 **관**	官	官	官					
人	8급 人 2획	人人						
		人品(사람 인, 품수 품) 사람의 품격. 人格(사람 인, 이를 격) 한 개인으로서 독립할 수 있는 자격.						
사람 **인**	人	人	人					
皇	3급 白 9획	皇皇皇皇皇皇皇皇皇						
		皇帝(임금 황, 임금 제) 임금. 천자. 皇室(임금 황, 집 실) 황제의 집안. 왕실.						
임금 **황**	皇	皇	皇					

龍師火帝(용사화제) : 중국 고대 왕들에 대한 이야기로 용사(龍師)는 복희씨(伏羲氏)를, 화제(火帝)는 신농씨(新農氏)를 일컫는다.
鳥官人皇(조관인황) : 소호씨(少昊氏)는 새 이름을 써서 벼슬의 명칭을 붙였고, 황제는 인문(人文)을 구비했으므로 인황이라 하였다.

始制文字하고 乃服衣裳이라

비로소 글자를 만들었고, 처음으로 윗옷과 치마를 입었다.

한자	급수·부수·획수	뜻·풀이
始	6급 女 8획	始終(처음 시, 마칠 종) 처음과 끝. 創始(비롯할 창, 처음 시) 일을 처음으로 시작함.
비로소 **시** 始		
制	4급 刀 8획	制度(지을 제, 법도 도) 사회 생활에 필요한 일정한 규칙을 정하여 놓은 것. 制造(지을 제, 만들 조) 만듦.
지을 **제** 制		
文	7급 文 4획	文人(글월 문, 사람 인) 문학에 종사하는 사람. 文字(글월 문, 글자 자) 글자.
글월 **문** 文		
字	7급 宀 6획	字義(글자 자, 옳을 의) 글자의 뜻. 字解(글자 자, 풀 해) 글자의 풀이.
글자 **자** 字		
乃	3급 丿 2획	乃至(이에 내, 이를 지) 무엇에서 무엇에 이르기까지. 人乃天(사람 인, 이에 내, 하늘 천) 사람이 곧 하늘.
이에 **내** 乃		
服	6급 月 8획	服裝(옷 복, 꾸밀 장) 옷차림. 校服(학교 교, 옷 복) 학교에서 학생들이 입도록 정한 옷.
입을 **복** 服		
衣	6급 衣 6획	衣冠(옷 의, 갓 관) 옷과 갓. 衣服(옷 의, 입을 복) 옷.
옷 **의** 衣		
裳	3급 衣 14획	衣裳(옷 의, 치마 상) 저고리와 치마. 옷. 紅裳(붉을 홍, 치마 상) 여자가 입는 붉은 색의 치마.
치마 **상** 裳		

始制文字(시제문자) : 복희씨(伏羲氏)는 창힐(蒼詰)이라는 사람을 시켜 새의 발자국을 보고 글자를 처음으로 만들었다.
乃服衣裳(내복의상) : 새나 짐승의 가죽으로 몸을 가리던 것을 황제(黃帝) 때에 와서 비로소 호조(胡曹)가 옷을 만들어 입게 하였다.

推位讓國은 有虞陶唐이라

자리를 물려주고 나라를 선양(禪讓)한 왕은 요임금과 순임금이다.

推	4급 手 11획	推 推 扌 扌 扩 扩 拍 拍 推 推
		推進(밀 추, 나아갈 진) 목적을 향해 진척시키는 것. 推薦(밀 추, 천거할 천) 적합한 자로 책임지고 소개함.
밀 **추**	推 推 推	

位	5급 人 7획	位 位 位 位 位 位 位
		位置(자리 위, 둘 치) 차지하고 있는 자리. 在位(있을 재, 자리 위) 왕위에 있음. 또는 왕위에 있던 시간.
자리 **위**	位 位 位	

讓	3급 言 24획	讓 讓 讓 讓 讓 讓 讓 讓 讓 讓 讓 讓 讓 讓 讓 讓 讓 讓
		讓步(사양할 양, 걸음 보) 남을 위하여 자기의 이익을 희생함. 讓位(사양할 양, 자리 위) 임금의 자리를 물려주는 것.
사양할 **양**	讓 讓 讓	

國	8급 口 11획	國 國 同 同 同 同 同 國 國 國 國
		國家(나라 국, 집 가) 나라. 國旗(나라 국, 기 기) 국가의 표지로 쓰는 기.
나라 **국**	國 國 國	

有	7급 月 6획	有 有 有 有 有 有
		有無(있을 유, 없을 무) 있음과 없음. 有功(있을 유, 공 공) 공로가 있음.
있을 **유**	有 有 有	

虞	1급 虍 13획	虞 虞 虞 虞 虞 虞 虞 虞 虞 虞 虞 虞 虞
		虞犯(근심할 우, 범할 범) 죄를 범할 우려가 있음. 虞舜(나라 이름 우, 순임금 순) 순임금.
나라이름 **우**	虞 虞 虞	

陶	3급 阝 11획	陶 陶 陶 陶 陶 陶 陶 陶 陶 陶 陶
		陶工(질그릇 도, 장인 공) 옹기를 만드는 사람. 陶器(질그릇 도, 그릇 기) 질그릇.
질그릇 **도**	陶 陶 陶	

唐	3급 口 10획	唐 唐 唐 唐 唐 唐 唐 唐 唐 唐
		唐突(당황할 당, 부딪칠 돌) 올차고 다부져 거리끼는 마음이 없음. 唐詩(당나라 당, 시 시) 당나라 시인이 지은 시.
당나라 **당**	唐 唐 唐	

推位讓國(추위양국) : 요임금과 순임금은 자식에게 왕위를 물려주지 않고, 초야에 묻혀있는 인재를 발탁하여
자리를 물려주었기에, 나라를 선양(禪讓)한 왕은
有虞陶唐(유우도당) : 유우(有虞), 곧 순(舜)임금과 도당(陶唐) 곧, 요(堯) 임금이다.

弔民伐罪는 周發殷湯하니라

백성들을 위로하고 죄지은 사람을 친 것은, 주나라 무왕 발과 은나라 탕임금이다.

弔	3급 弓 4획	弔弔弓弔
		弔問(조상할 조, 물을 문) 조상하는 뜻을 나타내며 상주를 위문함. 弔喪(조상할 조, 읽을 상) 죽은 사람에 대하여 슬퍼하는 뜻을 표함.
조상할 **조**	弔	弔 弔
民	8급 氏 5획	民民民民民
		民間(백성 민, 사이 간) 일반 서민의 사회. 民心(백성 민, 마음 심) 백성의 마음.
백성 **민**	民	民 民
伐	4급 人 6획	伐伐伐伐伐伐
		伐木(칠 벌, 나무 목) 나무를 벰. 伐草(칠 벌, 풀 초) 무덤의 잡초를 베어 깨끗이 함.
칠 **벌**	伐	伐 伐
罪	5급 网 13획	罪罪罪罪罪罪罪罪罪罪罪罪罪
		罪囚(허물 죄, 가둘 수) 죄를 지어 교도소에 갇힌 사람. 罪惡(허물 죄, 악할 악) 죄가 될 만한 악한 짓.
허물 **죄**	罪	罪 罪
周	4급 口 8획	周周周用用用周周
		周到(두루 주, 이를 도) 빈틈 없이 두루 찬찬함. 周圍(두루 주, 둘레 위) 둘레.
두루 **주**	周	周 周
發	6급 癶 12획	發發發發發發發發發發發發
		發着(필 발, 붙을 착) 출발과 도착. 發起(필 발, 일어날 기) 새로 일을 꾸며 냄.
필 **발**	發	發 發
殷	2급 殳 10획	殷殷殷殷殷殷殷殷殷殷
		殷富(나라 은, 부유할 부) 재물이 넉넉하고 번영함. 殷賑(나라 은, 넉넉할 진) 매우 번창함.
성할 **은**	殷	殷 殷
湯	3급 水 12획	湯湯湯湯湯湯湯湯湯湯湯湯
		湯藥(끓을 탕, 약 약) 달여서 먹는 약. 熱湯(더울 열, 끓을 탕) 뜨겁게 끓인 물이나 국.
끓을 **탕**	湯	湯 湯

弔民伐罪(조민벌죄) : 괴로운 일을 당한 백성을 위로 하고, 죄를 지은 사람은 벌을 주었다.
周發殷湯(주발은탕) : 주(周)나라 무왕(武王)과 은(殷)나라 탕왕(湯王)은 포악한 성격으로 백성을 괴롭히던 은나라 주왕(紂王)과 하(夏)나라 걸왕(桀王)을 쳐서 몰아냈다.

坐朝問道하고 垂拱平章이라

조정에 앉아 도(道)를 묻고, 옷자락을 드리우고 팔짱만 끼고 있어도 잘 다스려진다.

坐 앉을 **좌**	3급 土 7획	坐坐坐坐坐坐坐 坐視(앉을 좌, 볼 시) 앉아서 봄. 가만히 두고 보기만 함. 坐席(앉을 좌, 자리 석) 앉은 자리. 坐 坐 坐
朝 아침 **조**	6급 月 12획	朝朝朝朝朝朝朝朝朝 朝朝朝 朝夕(아침 조, 저녁 석) 아침과 저녁. 朝野(아침 조, 들 야) 조정과 민간. 朝 朝 朝
問 물을 **문**	7급 口 11획	問問問問問問問問問問問 問答(물을 문, 대답할 답) 서로 묻고 대답하고 함. 問病(물을 문, 병들 병) 앓는 사람을 찾아가 위로함. 問 問 問
道 길 **도**	7급 辵 13획	道道道道道道道道道道道道道 道路(길 도, 길 로) 길. 道理(길 도, 이치 리) 마땅히 지켜야 할 바른 길. 道 道 道
垂 드리울 **수**	2급 土 8획	垂垂垂垂垂垂垂垂 垂範(드리울 수, 법 범) 남의 모범이 됨. 垂直(드리울 수, 곧을 직) 직선과 직선이 닿아 직각을 이룬 상태. 垂 垂 垂
拱 팔짱낄 **공**	1급 手 9획	拱拱拱拱拱拱拱拱拱 拱手(팔짱낄 공, 손 수) 왼손을 오른손 위에 놓고 두 손을 마주 잡아, 공경의 뜻을 나타내는 예. 拱 拱 拱
平 평탄할 **평**	7급 干 5획	平平平平平 平凡(평평할 평, 범상할 범) 뛰어나지 않고 예사로움. 平均(평평할 평, 고를 균) 질이나 양이 다른 것을 모아서 고르게 함. 平 平 平
章 글 **장**	6급 立 11획	章章章章章章章章章章章 文章(글월 문, 글 장) 생각·느낌 등을 글로 나타낸 것. 印章(도장 인, 글 장) 도장. 章 章 章

愛育黎首하고 臣伏戎羌하라

백성을 사랑하여 기르고, 오랑캐들도 신하가 되어 복종한다.

愛 아낄 **애**	6급 心 13획	愛愛愛愛愛愛愛愛愛愛愛愛愛 愛國(사랑할 애, 나라 국) 자기 나라를 사랑하는 것. 友愛(벗 우, 사랑할 애) ① 형제 간의 정. ② 친구 간의 정.
育 기를 **육**	7급 肉 8획	育育育育育育育育 育成(기를 육, 이룰 성) 길러서 자라게 함. 育兒(기를 육, 아이 아) 아이를 기르는 일.
黎 검을 **려**	1급 黍 12획	黎黎黎黎黎黎黎黎黎黎黎黎黎黎 黎明(검을 여, 밝을 명) 희미하게 날이 밝을 무렵. 黎民(검을 여, 백성 민) 백성.
首 머리 **수**	5급 首 9획	首首首首首首首首 首席(머리 수, 자리 석) 맨 앞 자리. 首腦(머리 수, 뇌 뇌) 중요한 자리를 맡은 사람.
臣 신하 **신**	5급 臣 6획	臣臣臣臣臣臣臣臣 臣下(신하 신, 아래 하) 신하. 忠臣(충성할 충, 신하 신) 충성된 신하.
伏 엎드릴 **복**	4급 人 6획	伏伏伏伏伏伏 伏兵(엎드릴 복, 군사 병) 요긴한 길목에 군사를 숨겨둠. 또는 그 군사. 降伏(내릴 항, 엎드릴 복) 패배하여 굴복함.
戎 오랑캐 **융**	1급 戈 6획	戎戎戎戎戎戎 戎兵(오랑캐 융, 군사 병) 군병. 병사. 戎車(오랑캐 융, 수레 거) 싸움에 쓰는 수레.
羌 오랑캐 **강**	무급 羊 8획	羌羌羌羌羌羌羌羌 羌桃(오랑캐 강, 복숭아 도) 호두. 羌羗(오랑캐 강, 오랑캐 이) 중국 서쪽에 살던 민족의 이름.

愛育黎首(애육려수) : 백성은 나라의 근본이므로, 임금은 사랑과 덕으로 백성을 길러주어야 한다.
臣伏戎羌(신복융강) : 이와 같이 나라를 잘 다스리면 사방의 오랑캐들도 모두 와서 복종하게 된다.

遐邇壹體하여 率賓歸王이라

멀고 가까운 데를 똑같은 것으로 보아 거느리고 와서 천자에게 귀의한다.

遐	1급 辵 13획	遐年(멀 하, 해 년) 오래 사는 것. 장수. 遐邇(멀 하, 가까울 이) 먼 곳과 가까운 곳.
멀 하 遐		
邇	무급 辵 18획	邇來(가까울 이, 올 래) 근래. 그때부터 지금까지. 邇言(가까울 이, 말씀 언) 보통에 가까운 일반적인 말.
가까울 이 邇		
壹	3급 士 12획	壹是(한 일, 이 시) 오로지 모두. 均壹(고를 균, 한 일) 한결같이 고름.
하나 일 壹		
體	6급 骨 23획	體熱(몸 체, 더울 열) 몸에서 나는 열. 身體(몸 신, 몸 체) 신체. 몸.
몸 체 體		
率	3급 玄 11획	率先(거느릴 솔, 먼저 선) 남보다 앞장 서서 하는 것. 率直(거느릴 솔, 바를 직) 거짓이나 꾸밈이 없고 바른 성격.
거느릴 솔 率		
賓	3급 貝 14획	賓客(손님 빈, 손님 객) 점잖은 손님. 貴賓(귀할 귀, 손님 빈) 귀한 손님.
손 빈 賓		
歸	4급 止 18획	歸路(돌아갈 귀, 길 로) 돌아가는 길. 歸國(돌아갈 귀, 나라 국) 외국에서 자기 나라로 돌아가는 것.
돌아갈 귀 歸		
王	8급 王 4획	王族(임금 왕, 무리 족) 임금의 일가. 王命(임금 왕, 분부 명) 왕의 명령.
임금 왕 王		

遐邇壹體(하이일체) : 멀리 있는 나라나 가까이 있는 나라를 모두 똑같이 여긴다.
率賓歸王(솔빈귀왕) : 덕화(德化)가 멀리 미치게 되면 서로 거느리고 와서 복종하여 그에게 귀의한다.

鳴鳳은 在樹하고 白駒는 食場이라

우는 봉황새는 나무에 깃들어 있고, 흰 망아지는 마당에서 풀을 뜯는다.

鳴 울 **명**	4급 鳥 14획	鳴鳴鳴鳴鳴鳴鳴鳴鳴鳴鳴鳴鳴鳴 鳴鼓(울 명, 북 고) 북을 울리는 것. 悲鳴(슬플 비, 울 명) 아프거나 놀랐을 때 지르는 소리.
鳳 봉황 **봉**	3급 鳥 14획	鳳几鳳鳳几凡凡凡鳳鳳鳳鳳鳳鳳 鳳兒(봉황 봉, 아이 아) 뛰어나게 훌륭한 아들. 鳳凰(봉황 봉, 봉황 황) 봉황새.
在 있을 **재**	6급 土 6획	在左在在在在 在位(있을 재, 자리 위) 임금의 자리에 있음. 在庫(있을 재, 곳집 고) 창고에 있는 것.
樹 나무 **수**	6급 木 16획	樹樹樹樹樹樹樹樹樹樹樹樹樹樹樹樹 樹木(나무 수, 나무 목) 살아 있는 나무. 植樹(심을 식, 나무 수) 나무를 심음.
白 흰 **백**	8급 白 5획	白白白白白 白髮(흰 백, 머리털 발) 허옇게 센 머리털. 白旗(흰 백, 기 기) 흰색 기.
駒 망아지 **구**	1급 馬 15획	駒駒駒駒駒馬馬馬馬馬駒駒駒駒駒 駒馬(망아지 구, 말 마) 망아지와 말. 千里駒(일천 천, 마을 리, 망아지 구) 천리를 달리는 말. 천리마.
食 밥 **식**	7급 食 9획	食食食食食食食食食 食堂(먹을 식, 집 당) 식사와 요리를 파는 음식점. 食糧(먹을 식, 양식 량) 먹을거리. 양식.
場 마당 **장**	7급 土 12획	場場場場場場場場場場場場 場所(마당 장, 바 소) 일이 벌어지는 곳이나 자리. 登場(오를 등, 마당 장) 무대에 나오는 것.

鳴鳳在樹(명 봉재수) : 훌륭한 임금과 어진 사람이 나타나면 그 덕이 미치는 곳마다 봉황이 나무 위에서 운다.
白駒食場(백구식장) : 어진 사람이 임금님과 나랏일을 논의하고, 그가 타고 온 흰 망아지는 마당에서 풀을 뜯는다.

化는 被草木하고 賴는 及萬方하니라

덕화(德化)는 풀과 나무에까지 미치고, 힘입음이 온 누리에 미친다.

化 [5급 / 匕 / 4획] 化化化化
化學(될 화, 배울 학) 물질의 성질 및 변화를 연구하는 학문.
敎化(가르칠 교, 될 화) 가르쳐서 감화시킴.
될 **화** 化

被 [3급 / 衣 / 10획] 被被被被被被被被被被
被害(입을 피, 해할 해) 해를 입음. 또는 그 해.
被服(입을 피, 옷 복) 옷.
입을 **피** 被

草 [7급 / 艸 / 10획] 草草草草草草草草草
草木(풀 초, 나무 목) 풀과 나무.
煙草(연기 연, 풀 초) 담배.
풀 **초** 草

木 [8급 / 木 / 4획] 木十才木
木材(나무 목, 재료 재) 재료로서의 나무.
木刻(나무 목, 새길 각) 나무에 새김.
나무 **목** 木

賴 [3급 / 貝 / 16획] 賴賴賴賴賴賴賴賴賴賴賴賴賴賴賴賴
依賴(의지할 의, 힘입을 뢰) 남에게 부탁하거나 의지함.
信賴(믿을 신, 힘입을 뢰) 믿고 의지함.
힘입을 **뇌** 賴

及 [3급 / 又 / 4획] 及及及及
及第(미칠 급, 차례 제) 시험에 합격하는 것.
言及(말씀 언, 미칠 급) 어떤 일에 대하여 말함.
미칠 **급** 及

萬 [8급 / 艸 / 13획] 萬萬萬萬萬萬萬萬萬萬萬萬萬
萬能(일만 만, 능할 능) 모든 일에 능함.
萬物(일만 만, 사물 물) 세상에 있는 모든 것.
일만 **만** 萬

方 [7급 / 方 / 4획] 方方方方
方向(모 방, 향할 향) 방향.
方案(모 방, 안건 안) 일을 처리할 방법이나 방도에 관한 안.
모 **방** 方

化被草木(화피초목) : 그 교화(敎化)는 사람이나 짐승뿐 아니라 풀과 나무들까지도 입게 된다.
賴及萬方(뇌급만방) : 온 세상 만물들에게까지 그 덕이 고르게 미친다.

蓋此身髮은 四大五常이라

무릇 이 몸과 터럭은 네 가지 큰 것과 다섯 가지 떳떳함이 있다.

蓋 덮을 **개**	3급 艸 14획	蓋蓋蓋蓋蓋蓋蓋蓋蓋蓋蓋蓋蓋蓋 蓋然(덮을 개, 그럴 연) 그렇게 되리라고 추측됨. 覆蓋(덮을 복, 덮을 개) 덮개를 덮음.
此 이 **차**	3급 止 6획	此此此此此此 此後(이 차, 뒤 후) 지금 이후. 彼此(저 피, 이 차) 저것과 이것. 저편과 이편.
身 몸 **신**	6급 身 7획	身身身身身身身 身分(몸 신, 나눌 분) 개인의 사회적인 지위. 全身(온전 전, 몸 신) 몸 전체.
髮 터럭 **발**	4급 髟 15획	髮髮髮髮髮髮髮髮髮髮髮髮髮髮髮 毛髮(터럭 모, 터럭 발) 머리털. 理髮(다스릴 리, 터럭 발) 머리를 깎음.
四 넉 **사**	8급 口 5획	四四四四四 四季(넉 사, 철 계) 봄, 여름, 가을, 겨울의 네 계절. 四方(넉 사, 모 방) 동, 서, 남, 북의 네 방위.
大 클 **대**	8급 大 3획	大大大 大望(클 대, 바랄 망) 큰 희망. 大成(클 대, 이룰 성) 크게 이룸.
五 다섯 **오**	8급 二 4획	五五五五 五味(다섯 오, 맛 미) 다섯 가지 맛. 신맛·쓴맛·매운맛·단맛·짠맛. 五色(다섯 오, 색 색) 다섯 가지 빛깔. 파랑·노랑·빨강·하양·검정.
常 떳떳할 **상**	4급 巾 11획	常常常常常常常常常常常 常住(떳떳할 상, 머무를 주) 항상 거주함. 常識(떳떳할 상, 알 식) 보통 사람이 지녀야 할 지식.

蓋此身髮(개차신발) : 무릇 사람이 신체(身體), 모발(毛髮), 피부(皮膚)를 갖추고 있는 것은 그렇게 된 까닭이 있는 것이다.

四大五常(사대오상) : 네 가지 큰 것과 다섯 가지 떳떳함이 있으니, 즉 사대는 하늘·땅·임금·부모이며, 오상은 인(仁)·의(義)·예(禮)·지(智)·신(信)이다.

恭惟鞠養하니 豈敢毀傷이리오

공손히 길러 주신 것을 생각할지니, 어찌 함부로 헐고 다치게 할 수 있으랴.

恭	3급 心 10획	恭 恭 恭 恭 共 共 恭 恭 恭 恭
		恭敬(공손할 공, 공경할 경) 삼가고 존경함. 恭待(공손할 공, 기다릴 대) 상대자를 공손하게 대우함.
공손할 **공**	恭	
惟	3급 心 11획	惟 惟 惟 惟 惟 惟 惟 惟 惟 惟 惟
		惟獨(오직 유, 홀로 독) 오직 홀로. 思惟(생각 사, 오직 유) 생각하는 것.
오직 **유**	惟	
鞠	2급 革 17획	鞠 鞠 鞠 鞠 苩 苩 苩 草 革 靪 靪 靪 靪 鞠 鞠 鞠
		鞠躬(기를 국, 몸 궁) 존경의 뜻으로 몸을 굽혀 절함. 鞠育(기를 국, 기를 육) 어린아이를 기름.
기를 **국**	鞠	
養	5급 食 15획	養 養 養 養 養 美 美 美 养 養 養 養 養 養
		養成(기를 양, 이룰 성) 인재를 길러 냄. 養育(기를 양, 기를 육) 어린이를 길러 자라게 함.
기를 **양**	養	
豈	3급 豆 10획	豈 豈 豈 豈 豈 豈 豈 豈 豈 豈
		豈可(어찌 기, 가할 가) 어찌 할 수 있는가? 해서는 안 됨. 豈敢(어찌 기, 감히 감) 어찌 감히.
어찌 **기**	豈	
敢	4급 攵 12획	敢 敢 敢 敢 敢 敢 敢 敢 敢 敢 敢 敢
		敢行(감히 감, 행할 행) 어려움을 무릅쓰고 행함. 勇敢(용감할 용, 굳셀 감) 씩씩하고 굳셈.
굳셀 **감**	敢	
毀	3급 殳 13획	毀 毀 毀 毀 毀 毀 毀 毀 毀 毀 毀 毀 毀
		毀謗(헐 훼, 나무랄 방) 남의 일을 방해하는 것. 毀損(헐 훼, 덜 손) 헐어서 못쓰게 되는 것.
헐 **훼**	毀	
傷	4급 人 13획	傷 傷 傷 傷 傷 傷 傷 傷 傷 傷 傷 傷 傷
		傷處(상할 상, 곳 처) 부상을 입은 자리. 傷害(상할 상, 해할 해) 상처를 내어 해를 입히는 것.
상할 **상**	傷	

恭惟鞠養(공유국양) : 이 몸은 부모님이 키워 주신 것이니 공손히 기르신 은혜를 생각하라.
豈敢毀傷(기감훼상) : 어찌 감히 부모가 낳아 길러주신 몸을 헐고 상하게 하겠는가.

女는 慕貞烈하고 男은 效才良하니라

여자는 지조가 곧고 굳셈을 그리워하고, 남자는 재주와 어짐을 본받아야 한다.

女	8급 女 3획	乄 女 女
		女性(여자 여, 성품 성) 성별이 여자인 사람. 子女(아들 자, 딸 녀) 아들과 딸.
여자 **여(녀)**	女	女 女
慕	3급 心 15획	慕 慕 慕 慕 慕 慕 慕 慕 慕 莫 莫 莫 慕 慕 慕
		思慕(생각 사, 사모할 모) 생각하고 그리워함. 愛慕(사랑 애, 사모할 모) 사랑하여 그리워함.
사모할 **모**	慕	慕 慕
貞	3급 貝 9획	貞 貞 貞 卢 卢 貞 貞 貞 貞
		貞淑(곧을 정, 맑을 숙) 몸가짐이 조촐하고 얌전함. 貞操(곧을 정, 잡을 조) 여자의 곧은 절개.
곧을 **정**	貞	貞 貞
烈	4급 火 10획	烈 烈 烈 列 列 列 列 烈 烈 烈
		烈士(매울 열, 선비 사) 의를 굳게 지키는 사람. 烈女(매울 열, 여자 녀) 정절이 곧은 여자.
매울 **렬**	烈	烈 烈
男	7급 田 7획	男 男 男 男 男 男 男
		男妹(사내 남, 누이 매) 오라비와 누이. 男兒(사내 남, 아이 아) 남자 아이.
사내 **남**	男	男 男
效	5급 攵 10획	效 效 效 效 效 效 效 效 效 效
		效果(본받을 효, 과실 과) 본받을 만한 결과. 效用(본받을 효, 쓸 용) 효험. 보람 있는 소용.
본받을 **효**	效	效 效
才	6급 手 3획	才 才 才
		才能(재주 재, 능할 능) 타고난 능력. 秀才(빼어날 수, 재주 재) 빼어난 재주.
재주 **재**	才	才 才
良	5급 艮 7획	良 良 良 良 良 良 良
		良民(어질 양, 백성 민) 선량한 백성. 改良(고칠 개, 어질 량) 고치어 더 좋게 하는 것.
어질 **량**	良	良 良

女慕貞烈(여모정렬) : 여자는 행실이나 지조가 곧고 매움을 사모해야 한다.
男效才良(남효재량) : 남자는 재주와 지혜가 뛰어나고 충성스럽고 어진 사람을 본받아야 한다.

知過면 必改하고 得能이면 莫忘하라

허물을 알면 반드시 고쳐야 하고, 할 수 있게 되면 잊지 않아야 한다.

知	5급 矢 8획	知知知矢矢知知知												
		知識(알 지, 알 식) 체계화된 인식. 感知(느낄 감, 알 지) 느껴서 알게 됨.												
알 **지**	知	知	知											
過	5급 辵 13획	過過過過過咼咼咼咼過過過過												
		過誤(허물 과, 그릇할 오) 허물 있고 그릇됨. 功過(공 공, 허물 과) 공로와 과오.												
지날 **과**	過	過	過											
必	5급 心 5획	必必必必必												
		必須(반드시 필, 모름지기 수) 모름지기 있어야 함. 必讀(반드시 필, 읽을 독) 반드시 읽어야 함.												
반드시 **필**	必	必	必											
改	5급 攵 7획	改改改改改改改												
		改善(고칠 개, 착할 선) 잘못을 고쳐 잘 되게 함. 改心(고칠 개, 마음 심) 마음을 고쳐 먹음.												
고칠 **개**	改	改	改											
得	4급 彳 11획	得得得得得得得得得得得												
		得失(얻을 득, 잃을 실) 얻음과 잃음. 이득과 손실. 得票(얻을 득, 표 표) 투표에서 얻은 표수.												
얻을 **득**	得	得	得											
能	5급 肉 10획	能能能能能能能能能能												
		能率(능할 능, 비율 률) 일정한 동안에 이룰 수 있는 일의 비율. 能力(능할 능, 힘 력) 어떤 일을 할 수 있는 힘.												
능할 **능**	能	能	能											
莫	3급 艸 11획	莫莫莫莫莫莫莫莫莫莫莫												
		莫上(말 막, 윗 상) 더 위는 없음. 莫强(말 막, 강할 강) 더할 수 없이 강함.												
말 **막**	莫	莫	莫											
忘	3급 心 7획	忘忘忘忘忘忘忘												
		忘年(잊을 망, 해 년) 그 해의 온갖 괴로움을 잊음. 備忘(갖출 비, 잊을 망) 잊어버리지 않기 위한 대비.												
잊을 **망**	忘	忘	忘											

知過必改(지과필개) : 사람에게는 누구나 허물이 있으니, 그것을 알면 반드시 고쳐야 한다.
得能莫忘(득능막망) : 스스로 능함을 얻으면, 그것을 잊지 않도록 해야 한다.

罔談彼短하고 靡恃己長하라

남의 모자란 점을 말하지 말고, 자기의 좋은 점을 믿지 마라.

罔	3급 网 8획	罔 罔 罔 罔 罔 罔 罔 罔
		罔極(없을 망, 지극할 극) 은혜나 슬픔이 그지 없음. 欺罔(속일 기, 속일 망) 남을 속임.
말 **망**	罔 罔 罔	

談	5급 言 15획	談 談 談 談 談 談 談 談 談 談 談 談 談 談 談
		談笑(말씀 담, 웃을 소) 웃으면서 이야기하는 것. 美談(아름다울 미, 말씀 담) 후세에 전할 만한 아름다운 이야기.
말씀 **담**	談 談 談	

彼	3급 彳 8획	彼 彼 彼 彼 彼 彼 彼 彼
		彼我(저 피, 나 아) 저편과 이편. 남과 나. 彼此(저 피, 이 차) 이것과 저것.
저 **피**	彼 彼 彼	

短	6급 矢 12획	短 短 短 短 短 短 短 短 短 短 短 短
		短見(짧을 단, 볼 견) 짧은 식격이나 소견. 短命(짧을 단, 목숨 명) 목숨이 짧음.
짧을 **단**	短 短 短	

靡	1급 非 19획	靡 靡 靡 靡 靡 靡 靡 靡 靡 靡 靡 靡 靡 靡 靡 靡
		靡寧(아닐 미, 편안할 령) 어른이 병으로 인하여 편안치 못함. 風靡(바람 풍, 쓰러질 미) 초목이 바람이 불리는 쪽으로 쏠림. 유행함.
없을 **미**	靡 靡 靡	

恃	무급 心 9획	恃 恃 恃 恃 恃 恃 恃 恃 恃
		恃賴(믿을 시, 의지할 뢰) 믿고 의지함. 恃險(믿을 시, 험할 험) 험한 지형에 의지함.
믿을 **시**	恃 恃 恃	

己	5급 己 3획	己 己 己
		自己(스스로 자, 몸 기) 저. 제 몸. 知己(알 지, 몸 기) 자기를 진정으로 알아주는 벗.
몸 **기**	己 己 己	

長	8급 長 8획	長 長 長 長 長 長 長 長
		長短(긴 장, 짧을 단) 길고 짧음. 長久(긴 장, 오랠 구) 매우 길고 오램.
긴 **장**	長 長 長	

罔談彼短(망담피단) : 다른 사람의 단점을 말하지 않는다.
靡恃己長(미시기장) : 자기의 장점을 믿지 말아야 한다.

信은 使可覆이오 器는 欲難量이니라

약속은 실천할 수 있게 하고, 그릇은 헤아리기 어렵게끔 되고자 하라.

信	6급 人 9획	信信信信信信信信信
		信念(믿을 신, 생각할 념) 굳게 믿는 마음. 信賴(믿을 신, 의지할 뢰) 믿고 의지함.
믿을 **신**	信	信 信
使	6급 人 8획	使使使使使使使使
		使命(하여금 사, 목숨 명) 자기에게 부과된 직무. 使用(부릴 사, 쓸 용) 부리어 씀.
부릴 **사**	使	使 使
可	5급 口 5획	可可可可可
		可決(옳을 가, 결단할 결) 회의에서 옳다고 결정함. 可否(옳을 가, 아니 부) 옳고 그름.
옳을 **가**	可	可 可
覆	2급 西 18획	覆覆覆覆覆覆覆覆覆覆覆覆覆覆覆覆
		覆蓋(덮을 복, 덮을 개) 뚜껑이나 덮개를 덮음. 覆面(덮을 복, 얼굴 면) 얼굴을 가림.
덮을 **복**	覆	覆 覆
器	4급 口 16획	器器器器器器器器器器器器器器器器
		器量(그릇 기, 헤아릴 량) 사람이 지닌 도량. 食器(먹을 식, 그릇 기) 음식을 담은 그릇.
그릇 **기**	器	器 器
欲	3급 欠 11획	欲欲欲欲欲欲欲欲欲欲欲
		欲求(하고자할 욕, 구할 구) 무엇을 얻거나 하고자 바라는 것. 欲望(하고자할 욕, 바랄 망) 무엇을 하고자 하는 바람.
하고자할 **욕**	欲	欲 欲
難	4급 隹 19획	難難難難難難難難難難難難難難難難難難難
		難忘(어려울 난, 잊을 망) 잊기 어려움. 難色(어려울 난, 빛 색) 어려워하여 꺼리는 기색.
어려울 **난**	難	難 難
量	5급 里 12획	量量量量量量量量量量量量
		重量(무거울 중, 양 량) 무게. 計量(셀 계, 헤아릴 량) 분량이나 무게를 재는 것.
헤아릴 **량**	量	量 量

信使可覆(신사가복) : 약속할 때에는 그 약속한 말을 실천할 수 있게끔 한다.
器欲難量(기욕난량) : 그릇 곧, 도량(度量)은 다른 사람들이 헤아리기 어려운 정도가 되고자 해야 한다.

墨은 悲絲染하고 詩는 讚羔羊이라

묵자(墨子)는 흰 실이 물드는 것을 보고 슬퍼하였고,
시(詩)에서는 고양편(羔羊篇)을 기렸느니라.

墨	3급 土 15획	墨墨墨墨墨墨墨墨墨黑黑黑墨墨墨 墨畵(먹 묵, 그림 화) 먹으로 그린 그림. 筆墨(붓 필, 먹 묵) 붓과 먹.
먹 묵	墨	墨 墨
悲	4급 心 12획	丿丿扌丬非非非非悲悲悲 悲歌(슬플 비, 노래 가) 슬픈 노래. 悲痛(슬플 비, 아플 통) 몹시 슬프고 가슴이 아픔.
슬플 비	悲	悲 悲
絲	4급 糸 12획	絲絲絲糸絲絲絲絲絲絲絲絲 絲雨(실 사, 비 우) 실처럼 가늘게 내리는 비. 絹絲(비단 견, 실 사) 비단 따위를 짜는 명주실.
실 사	絲	絲 絲
染	3급 木 9획	染染染氿氿染染染染 染色(물들일 염, 빛 색) 색소를 물들이는 것. 染料(물들일 염, 헤아릴 료) 물들이는 색소가 되는 물질.
물들일 염	染	染 染
詩	4급 言 13획	詩詩詩詩詩詩詩詩詩詩詩詩詩 詩人(글 시, 사람 인) 시를 잘 짓는 사람. 詩集(글 시, 모을 집) 시를 모아 엮은 책.
글 시	詩	詩 詩
讚	4급 言 26획	讚讚讚讚讚讚讚讚讚讚讚讚讚讚讚讚讚讚讚 讚歌(기릴 찬, 노래 가) 기리어 칭찬하는 노래. 讚美(기릴 찬, 아름다울 미) 아름다움을 기림.
기릴 찬	讚	讚 讚
羔	무급 羊 10획	羔羔羔羔羊羊羔羔羔羔 羔羊(염소 고, 양 양) 어린 양. 羔肉(염소 고, 고기 육) 염소 고기.
염소 고	羔	羔 羔
羊	4급 羊 6획	羊羊羊羊羊羊 羊皮(양 양, 가죽 피) 양의 가죽. 羊毛(양 양, 털 모) 양의 털.
양 양	羊	羊 羊

墨悲絲染(묵비사염) : 묵자(墨子)는 흰 실에 검은 물이 들어 검어지면 다시 희어지지 못함을 슬퍼하였다.
詩讚羔羊(시찬고양) : 시경(詩經) 고양(羔羊)편에는 문왕(文王)에 감화되어 관리들은 청렴하고 백성들은 어린 양같이 온순했다고 찬미(讚美)하였다.

景行은 維賢이요 剋念은 作聖이니라

큰 도(道)를 행하면 어진 사람이 되니, 능히 생각하면 성인(聖人)이 될 수 있다.

景	5급 日 12획	景景景景景景景景景景景景 景勝(볕 경, 이길 승) 경치가 좋은 곳. 景致(볕 경, 이룰 치) 자연의 아름다운 모습.
볕 경	景	
行	6급 行 6획	行行行行行行 行動(행할 행, 움직일 동) 동작을 하여 행하는 일. 行路(행할 행, 길 로) 사람이 다니는 길.
다닐 행	行	
維	3급 糸 14획	維維維維糸糸糸糸糸紵維維維維 維持(맬 유, 가질 지) 그대로 보전하여 지탱함. 維新(맬 유, 새 신) 묵은 제도를 새롭게 고침.
맬 유	維	
賢	4급 貝 15획	賢賢賢賢賢賢賢賢賢賢賢賢賢賢賢 賢明(어질 현, 밝을 명) 어질고 사리에 밝음. 賢人(어질 현, 사람 인) 어진 사람.
어질 현	賢	
剋	3급 刂 9획	剋剋剋剋剋剋克剋 剋己(이길 극, 몸 기) 자기의 욕망·충동 등을 눌러 이김. 剋服(이길 극, 복종할 복) 어려움을 이겨냄.
이길 극	剋	
念	5급 心 8획	念念念念念念念念 想念(생각할 상, 생각 념) 마음 속에 품은 여러 가지 생각. 念慮(생각할 염, 생각 깊을 려) 걱정하여 깊이 생각함.
생각할 념	念	
作	6급 人 7획	作作作作作作作 作家(지을 작, 집 가) 예술품을 창작하는 일에 종사하는 사람. 力作(힘 력, 지을 작) 힘을 다하여 만든 작품.
지을 작	作	
聖	4급 耳 13획	聖聖聖聖聖聖聖聖聖聖聖聖聖 聖書(성인 성, 글 서) 성경책. 聖賢(성인 성, 어질 현) 성인과 현인.
성인 성	聖	

景行維賢(경행유현) : 큰 도(道)를 실천하면 어진 사람이 된다.
剋念作聖(극념작성) : 능히 제대로 생각하면 성인(聖人)이 될 수 있다.

德建이면 名立하고 形端이면 表正하니라

덕이 세워지면 이름이 서고, 용모가 단정하면 겉모습도 똑바르게 된다.

德	5급 彳 15획	德德德德德 德德德德德 德德德德德
		德望(큰 덕, 바랄 망) 덕을 행함으로 얻은 명망. 德行(큰 덕, 행할 행) 덕을 행함.
큰 덕	德	
建	5급 廴 9획	建建建建建建建建
		建築(세울 건, 지을 축) 건물을 세우거나 지음. 建國(세울 건, 나라 국) 나라를 세움.
세울 **건**	建	
名	7급 口 6획	名久夕名名名
		名曲(이름 명, 악곡 곡) 이름난 악곡이나 노래. 名譽(이름 명, 기릴 예) 사람에 대하여 사회적으로 받는 높은 평가.
이름 **명**	名	
立	7급 立 5획	立立立立立
		立法(설 입, 법 법) 법을 제정하는 것. 立案(설 입, 안건 안) 안건을 정하는 것.
설 **립**	立	
形	6급 彡 7획	形形形形形形形
		形象(형상 형, 모양 상) 모양. 생김새. 形態(형상 형, 모양 태) 사물의 생김새.
형상 **형**	形	
端	4급 立 14획	端端端端端端端端端端端端端端
		端緒(끝 단, 실마리 서) 일의 처음이나 실마리. 端正(바를 단, 바를 정) 바르고 얌전함.
끝 **단**	端	
表	6급 衣 8획	表表表表表表表表
		表裏(겉 표, 속 리) 겉과 속. 表記(겉 표, 기록할 기) 표시하여 기록함.
겉 **표**	表	
正	7급 止 5획	正正正正正
		正當(바를 정, 마땅 당) 바르고 옳음. 이치에 합당함. 正義(바를 정, 옳을 의) 바르고 옳은 일.
바를 **정**	正	

德建名立(덕건명립) : 덕으로써 모든 일을 실행하여 확고하게 되면 자연히 명예도 알려지게 된다.
形端表正(형단표정) : 용모가 단정하면 겉으로 드러난 행동이나 태도도 바르게 된다.

空谷에 傳聲하고 虛堂에 習聽하니라

빈 골짜기에는 소리가 전해지고, 빈 집에서는 들음을 익힌다.

空 (빌 공)

7급 / 穴 / 8획

空空空空空空空空

空欄(빌 공, 난간 란) 빈 난.
空間(빌 공, 사이 간) 빈 곳.

谷 (골 곡)

3급 / 谷 / 7획

谷谷谷谷谷谷谷

溪谷(시내 계, 골짜기 곡) 물이 흐르는 골짜기.
深谷(깊을 심, 골짜기 곡) 깊은 골짜기.

傳 (전할 전)

5급 / 人 / 13획

傳傳傳傳傳傳傳傳傳傳傳傳傳

傳染(전할 전, 물들 염) ① 병이 옮음. ② 옮아 물듦.
傳統(전할 전, 거느릴 통) 계통적으로 전함.

聲 (소리 성)

4급 / 耳 / 17획

聲聲聲聲聲聲聲聲聲聲聲聲聲聲聲聲聲

聲調(소리 성, 고를 조) 목소리와 가락.
聲價(소리 성, 값 가) 좋은 소문이나 평판.

虛 (빌 허)

4급 / 虍 / 12획

虛虛虛虛虛虛虛虛虛虛虛虛

虛實(빌 허, 열매 실) 거짓과 참. 공허와 충실.
虛構(빌 허, 지을 구) 실지로 있는 것처럼 꾸밈.

堂 (집 당)

6급 / 土 / 11획

堂堂堂堂堂堂堂堂堂堂堂

祠堂(사당 사, 집 당) 조상의 신주를 모셔놓은 집.
食堂(먹을 식, 집 당) 식사를 할 수 있게 만든 집.

習 (익힐 습)

6급 / 羽 / 11획

習習習習習習習習習習習

學習(배울 학, 익힐 습) 배워서 익히는 것.
習作(익힐 습, 지을 작) 시, 소설 등을 연습삼아 짓는 것.

聽 (들을 청)

4급 / 耳 / 22획

聽聽聽聽聽聽聽聽聽聽聽聽聽聽聽聽聽聽

聽講(들을 청, 강론할 강) 강의를 들음.
聽衆(들을 청, 무리 중) 연설·강연·설교 따위를 듣는 군중.

空谷傳聲(공곡전성) : 빈 골짜기에서 소리치면 메아리가 울려 그 소리가 그대로 전해진다.
虛堂習聽(허당습청) : 빈 집에서 소리가 있으면 듣는 것을 익힐 수 있다.

禍는 因惡積이요 福은 緣善慶이라

언짢은 일은 악한 일이 쌓인 데서 인연하고,
복은 착한 일의 경사로움에서 인연한다.

禍	3급 示 14획	禍根(재앙 화, 뿌리 근) 재앙의 근원. 禍厄(재앙 화, 재앙 액) 재앙, 재난.
재앙 **화**		
因	5급 口 6획	因果(인할 인, 결과 과) 원인과 결과. 因緣(인할 인, 인연 연) 연분.
인할 **인**		
惡	5급 心 12획	惡毒(악할 악, 독할 독) 모질고 혹독함. 惡法(악할 악, 법 법) 사회에 해를 끼치는 법률.
악할 **악**		
積	4급 禾 16획	積金(쌓을 적, 쇠 금) 돈을 모아 두는 것. 또는 그 돈. 累積(얽힐 누, 쌓을 적) 포개어 쌓거나 쌓이는 일.
쌓을 **적**		
福	5급 示 14획	福音(복 복, 소리 음) 기쁜 소식. 祝福(빌 축, 복 복) 복을 빌어주는 것.
복 **복**		
緣	4급 糸 15획	緣由(인연 연, 까닭 유) 일의 까닭. 緣邊(인연 연, 둘레 변) 바깥 둘레.
인연 **연**		
善	5급 口 12획	善良(착할 선, 어질 량) 착하고 어짊. 善惡(착할 선, 악할 악) 착한 것과 악한 것.
착할 **선**		
慶	4급 心 15획	慶事(경사 경, 일 사) 크게 기쁜 일. 慶祝(경사 경, 빌 축) 크게 기쁘고 즐거워 축하함.
경사 **경**		

禍因惡積(화인악적) : 화는 악을 쌓았기 때문에 일어나는 것이다.
福緣善慶(복연선경) : 복은 착한 일을 쌓은 뒤의 경사스러운 일에서 온다.

尺璧은 非寶이니 寸陰을 是競하라

한 자 되는 구슬이 보배는 아니니, 짧은 시간이라도 아껴야 한다.

尺	3급 尸 4획	尺 尺 尺 尺 尺度(자 척, 법 도) ① 자로 재는 길이의 표준. ② 양을 재는 기준. 尺土(자 척, 흙 토) 얼마 안 되는 땅.
자 **척**	尺	尺 尺
璧	1급 玉 18획	璧 璧 尸 尺 居 居 居 居 辟 辟 辟 辟 辟 辟 璧 璧 璧 璧 璧人(구슬 벽, 사람 인) 구슬처럼 아름다운 사람. 完璧(완전할 완, 구슬 벽) 결점이 없이 훌륭함.
구슬 **벽**	璧	璧 璧
非	4급 非 8획	ﾉ ﾅ ﾅ ﾅ 非 非 非 非 非常(아닐 비, 항상 상) 보통이 아님. 非凡(아닐 비, 무릇 범) 범상치 않음.
아닐 **비**	非	非 非
寶	4급 宀 20획	寶 寶 寶 寶 寶 寶 寶 寶 寶 寶 寶 寶 寶 寶 寶 寶 寶 寶 寶劍(보배 보, 칼 검) 보배로운 칼. 寶庫(보배 보, 창고 고) 보물 창고.
보배 **보**	寶	寶 寶
寸	8급 寸 3획	寸 寸 寸 寸陰(마디 촌, 그늘 음) 얼마 안 되는 짧은 시간. 寸志(마디 촌, 뜻 지) 조그만 뜻을 나타내는 작은 선물.
마디 **촌**	寸	寸 寸
陰	4급 阝 11획	陰 陰 陰 陰 陰 陰 陰 陰 陰 陰 陰 陰 陰地(그늘 음, 땅 지) 햇볕이 들지 않는 그늘진 땅. 綠陰(푸를 녹, 그늘 음) 푸른 잎이 우거진 나무 그늘.
그늘 **음**	陰	陰 陰
是	4급 日 9획	是 是 是 是 是 是 是 是 是 是非(이 시, 아닐 비) 옳고 그름. 是認(이 시, 알 인) 잘못을 알고 인정함.
이 **시**	是	是 是
競	5급 立 20획	競 競 競 競 競 競 競 競 競 競 競 競 競 競 競 競 競 競 競爭(다툴 경, 다툴 쟁) 서로 겨루어 다툼. 競馬(다툴 경, 말 마) 말을 타고 겨루는 경기.
다툴 **경**	競	競 競

尺璧非寶(척벽비보) : 한 자나 되는 구슬이라고 모두 보배는 아니다.
寸陰是競(촌음시경) : 아주 짧은 시간이라도 다투어 귀하게 여겨야 한다.

資父事君하니 曰 嚴與敬이라

어버이 섬기는 것을 바탕으로 임금을 섬기니,
엄숙함과 공경함이 그것이다.

資 바탕 **자**	4급 貝 13획	資資資資資資資資資資資資資
		資格(바탕 자, 격식 격) 일정한 신분·지위를 가지는 데 필요한 조건. 資金(바탕 자, 쇠 금) 바탕이 되는 돈. 밑천.
父 아비 **부**	8급 父 4획	父父父父
		父母(아버지 부, 어머니 모) 아버지와 어머니. 父子(아버지 부, 아들 자) 아버지와 아들.
事 일 **사**	7급 亅 8획	事事事事事事事事
		事故(일 사, 연고 고) 뜻밖에 일어난 일이나 탈. 事物(일 사, 만물 물) 일과 물건의 총칭.
君 임금 **군**	4급 口 7획	君君君君君君君
		君子(임금 군, 아들 자) 남의 모범이 될 만한 인물. 君臣(임금 군, 신하 신) 임금과 신하.
日 가로 **왈**	3급 曰 4획	日口曰日
		曰可曰不(가로 왈, 옳을 가, 가로 왈, 아닐 부) 어떤 일에 대하여 옳으니 그르니 함.
嚴 엄할 **엄**	4급 口 20획	嚴嚴嚴嚴嚴嚴嚴嚴嚴嚴嚴嚴嚴嚴嚴嚴
		嚴命(엄할 엄, 목숨 명) 엄한 명령. 嚴正(엄할 엄, 바를 정) 엄격하고 정확함.
與 더불 **여**	4급 臼 14획	與與與與與與與與與與與與與與
		與件(더불 여, 사건 건) 주어진 조건. 參與(참여할 참, 더불 여) 참가하여 관계함.
敬 공경 **경**	5급 攵 13획	敬敬敬敬敬敬敬敬敬敬敬敬敬
		敬老(공경할 경, 늙을 로) 노인을 공경하는 것. 敬意(공경할 경, 뜻 의) 공경하는 뜻.

資父事君(자부사군) : 부모를 섬기는 효성으로 임금 또한 충성되게 모셔야 한다.
曰嚴與敬(왈엄여경) : 임금과 부모를 섬기는 데에는 엄숙함과 공경함이 있어야 한다.

孝는 當竭力하고 忠은 則盡命하라

효도는 마땅히 힘을 다하여야 하고, 충성은 목숨을 다하여야 한다.

孝	7급 子 7획	孝孝孝孝孝孝孝
		孝誠(효도 효, 정성 성) 부모를 섬기는 정성. 孝子(효도 효, 아들 자) 효성스런 아들.
효도 **효**	孝	孝 孝

當	5급 田 13획	當當當當當當當當當當當當當
		當面(마땅 당, 얼굴 면) 일이 바로 눈앞에 닥침. 當選(마땅 당, 가릴 선) 선거에 뽑히는 것.
마땅 **당**	當	當 當

竭	1급 立 14획	竭竭竭竭竭竭竭竭竭竭竭竭竭
		竭力(다할 갈, 힘 력) 있는 힘을 다하는 것. 竭忠(다할 갈, 충성 충) 충성을 다함.
다할 **갈**	竭	竭 竭

力	7급 力 2획	力 力
		力作(힘 력, 지을 작) 힘들여 지음. 또는 그 작품. 協力(화할 협, 힘 력) 힘을 합하여 돕는 것.
힘 **력**	力	力 力

忠	4급 心 8획	忠忠忠忠忠忠忠忠
		忠誠(충성 충, 정성 성) 참마음에서 우러나는 정성. 忠直(충성 충, 곧을 직) 충성스럽고 곧음. 충실하고 정직함.
충성 **충**	忠	忠 忠

則	5급 刀 9획	丨冂冂月目貝貝則則
		原則(근본 원, 법칙 칙) 일반의 경우에 적용되는 법칙. 法則(법 법, 법칙 칙) 법칙.
곧 **즉** 법칙 **칙**	則	則 則

盡	4급 皿 14획	盡盡盡盡盡盡盡盡盡盡盡盡盡盡
		盡力(다할 진, 힘 력) 힘을 다함. 賣盡(팔 매, 다할 진) 다 팔림.
다할 **진**	盡	盡 盡

命	7급 口 8획	命命命命命命命命
		命令(목숨 명, 명령 령) 웃사람이 아랫사람에게 내리는 분부. 壽命(목숨 수, 목숨 명) 생물의 목숨. 또는 살아있는 연한.
목숨 **명**	命	命 命

孝當竭力(효당갈력) : 부모를 모시고 효도하는 일에 마땅히 힘을 다해야 한다.
忠則盡命(충즉진명) : 충성은 곧 목숨까지도 다 바치는 것이다.

臨深履薄하고 夙興溫凊하라

깊은 물에 임한 듯 얇은 얼음을 밟은 듯이 하고,
일찍 일어나 따뜻한가 서늘한가를 살핀다.

臨	3급 臣 17획	臨臨臨臨臨臨臨臨臨臨臨臨臨臨臨臨臨
		臨迫(임할 임, 다그칠 박) 어떤 시기가 가까이 다가오는 것. 枉臨(굽을 왕, 임할 림) 남이 오는 것을 높여 이르는 말.
임할 **임(림)**	臨	臨 臨
深	4급 木 11획	深深深深深深深深深深深
		深刻(깊을 심, 새길 각) 깊이 새김. 深夜(깊을 심, 밤 야) 한밤중.
깊을 **심**	深	深 深
履	3급 尸 15획	履履履履履履履履履履履履履履履
		履歷(밟을 이, 지날 력) 지금까지 거쳐온 학업·직업 등의 내력. 履行(밟을 이, 행할 행) 실제로 행함.
밟을 **리**	履	履 履
薄	3급 艸 17획	薄薄薄薄薄薄薄薄薄薄薄薄薄薄薄薄薄
		薄氷(얇을 박, 얼음 빙) 얇은 얼음. 刻薄(새길 각, 얇을 박) 모나고 인정이 없음.
얇을 **박**	薄	薄 薄
夙	1급 夕 6획	夙夙夙夙夙夙
		夙成(이룰 숙, 이룰 성) 나이에 비해 정신적·육체적 성장이 이름. 夙夜(이룰 숙, 밤 야) 이른 아침과 늦은 밤.
이룰 **숙**	夙	夙 夙
興	4급 白 16획	興興興興興興興興興興興興興興
		興味(일어날 흥, 맛 미) 흥을 느끼는 재미. 復興(다시 부, 일어날 흥) 쇠퇴하였던 것을 다시 일어나게 함.
일어날 **흥**	興	興 興
溫	6급 水 13획	溫溫溫溫溫溫溫溫溫溫溫溫溫
		溫氣(따뜻할 온, 기운 기) 따뜻한 기운. 溫室(따뜻할 온, 집 실) 난방 장치를 한 방.
따뜻할 **온**	溫	溫 溫
凊	무급 冫 10획	凊凊凊凊凊凊凊凊凊凊
		冬溫夏凊(겨울 동, 따뜻할 온, 여름 하, 서늘할 청) 겨울에는 따뜻하게 여름에는 서늘하게 함.
서늘할 **정** 서늘할 **청**	凊	凊 凊

臨深履薄(임심리박) : 자기 몸을 다치지 않도록 깊은 곳에 임하듯, 얇은 데를 밟듯이 조심하고 주의하라.
夙興溫凊(숙흥온정) : 일찍 일어나서 부모님의 자리가 추우면 따뜻하게 하고 더우면 시원하게 하라.

似蘭斯馨하고 如松之盛이라

난초와 같이 향기롭고, 소나무와 같이 무성하리라.

似	3급 人 7획	似 似 似 似 似 似
		似而非(같을 사, 말 이을 이, 아닐 비) 겉으론 비슷하나 속은 완전히 다른 것. 近似(가까울 근, 같을 사) 거의 같음.
같을 **사**	似 似 似	

蘭	3급 艸 21획	蘭 蘭 蘭 蘭 蘭 蘭 蘭 蘭 蘭 蘭 蘭 蘭 蘭 蘭 蘭 蘭 蘭
		蘭草(난초 난, 풀 초) 난초. 芝蘭(지초 지, 난초 란) 지초와 난초.
난초 **란**	蘭 蘭 蘭	

斯	3급 斤 12획	斯 斯 斯 斯 斯 其 其 其 斯 斯 斯 斯
		斯界(이 사, 지경 계) 이 분야. 斯道(이 사, 길 도) 이 길. 성인의 길.
이 **사**	斯 斯 斯	

馨	2급 禾 18획	馨 馨 馨 声 声 声 殸 殸 殸 殸 馨 馨 馨 馨 馨 馨 馨 馨
		馨香(향기 형, 향기 향) 꽃다운 향기. 潔馨(맑을 결, 향기로울 형) 맑고 깨끗한 향기.
향기 **형**	馨 馨 馨	

如	4급 女 6획	如 如 如 如 如 如
		如實(같을 여, 열매 실) 사실과 똑같음. 如前(같을 여, 앞 전) 전과 같음.
같을 **여**	如 如 如	

松	4급 木 8획	松 松 松 松 松 松 松 松
		松林(소나무 송, 수풀 림) 소나무 숲. 老松(늙을 노, 소나무 송) 늙은 소나무.
소나무 **송**	松 松 松	

之	3급 丿 4획	之 之 之
		人之常情(사람 인, 갈 지, 항상 상, 뜻 정) 사람이면 모두 가지고 있는 보통의 마음.
갈 **지**	之 之 之	

盛	4급 皿 12획	盛 盛 成 成 成 成 成 盛 盛 盛 盛
		盛大(성할 성, 큰 대) 규모가 아주 크고 푸짐함. 盛行(성할 성, 행할 행) 매우 왕성하게 유행하는 것.
성할 **성**	盛 盛 盛	

似蘭斯馨(사란사형) : 이렇게 덕을 쌓으면 난초와 같이 그 향기가 멀리까지 퍼져나간다.
如松之盛(여송지성) : 군자의 절개는 소나무의 번성함처럼 변치 않는다.

川流不息하고 淵澄取映이라

냇물은 흘러 쉬지 않고, 못 물이 맑으면 비침을 얻을 수 있다.

川	7급 巛 3획	川 川 川
		山川(메 산, 내 천) ① 산과 내. ② 자연. 河川(물 하, 내 천) 시내. 강.
내 **천**	川	
流	5급 水 10획	流 流 流 流 流 流 流 流 流 流
		流動(흐를 유, 움직일 동) 흘러 움직임. 流水(흐를 유, 물 수) 흐르는 물.
흐를 **류**	流	
不	7급 一 4획	不 不 不 不
		不可(아니 불, 옳을 가) 옳지 않은 것. 不當(아닐 부, 마땅 당) 이치에 맞지 않음.
아니 **불**	不	
息	4급 心 10획	息 白 白 自 自 息 息 息 息
		休息(쉴 휴, 쉴 식) 일의 도중에서 잠깐 쉬는 것. 安息(편안할 안, 쉴 식) 편안하게 쉬는 것.
쉴 **식**	息	
淵	2급 水 12획	淵 淵 淵 氵 氵 氵 氵 氵 浒 浒 淵 淵
		淵源(못 연, 근원 원) 사물의 근원. 본원(本願). 深淵(깊을 심, 못 연) 깊은 연못.
못 **연**	淵	
澄	1급 水 15획	澄 澄 澄 澄 澄 澄 澄 澄 澄 澄 澄 澄 澄 澄
		澄明(맑을 징, 밝을 명) 맑고 밝음. 清澄(맑을 청, 맑을 징) 개끗하고 맑음.
맑을 **징**	澄	
取	4급 又 8획	取 取 取 取 取 取 取 取
		取得(취할 취, 얻을 득) 자기 소유로 하여 가지는 것. 取捨(취할 취, 버릴 사) 취할 것은 취하고 버릴 것은 버림.
취할 **취**	取	
映	4급 日 9획	映 映 映 映 映 映 映 映 映
		映畵(비칠 영, 그림 화) 영화. 反映(돌이킬 반, 비칠 영) 빛이 반사하여 비침.
비칠 **영**	映	

川流不息(천류불식) : 군자의 덕행은 흐르는 물처럼 쉬지 않는다.
淵澄取映(연징취영) : 군자는 맑은 못 물이 물건을 비추는 것처럼 밝게 보아야 한다.

容止는 若思하고 言辭는 安定하라

매무새와 몸가짐을 생각하는 듯이 하고, 말소리는 조용하고 안정되게 해야 한다.

| 容 | 4급 宀 10획 | 容容容容容容突突容容 |
| 얼굴 **용** | 容 | 容量(용납할 용, 헤아릴 량) 물건이 담기는 분량.
許容(허락할 허, 용납할 용) 허락하여 용납하는 것. |

| 止 | 5급 止 4획 | 止 止 止 止 |
| 그칠 **지** | 止 | 禁止(금할 금, 그칠 지) 못하게 하는 일.
中止(가운데 중, 그칠 지) 중간에 그만 두는 것. |

| 若 | 3급 艸 9획 | 若若若若若若若若若 |
| 같을 **약** | 若 | 若干(같을 약, 사이 간) 얼마 되지 않음.
萬若(일만 만, 같을 약) 있을지도 모르는 경우. |

| 思 | 5급 心 9획 | 思思思思思思思思思 |
| 생각 **사** | 思 | 思考(생각 사, 생각할 고) 생각하고 궁리함.
思想(생각 사, 생각 상) 사회·인생 등에 대한 일정한 견해. |

| 言 | 6급 言 7획 | 言言言言言言言 |
| 말씀 **언** | 言 | 言動(말씀 언, 움직일 동) 말과 행동.
言約(말씀 언, 맺을 약) 약속함. |

| 辭 | 4급 辛 19획 | 辭辭辭辭辭辭辭辭辭辭辭辭辭辭辭辭 |
| 말씀 **사** | 辭 | 辭典(말씀 사, 법 전) 사전.
辭讓(사양할 사, 사양할 양) 겸손하여 남에게 양보함. |

| 安 | 7급 宀 6획 | 安安安安安安 |
| 편안할 **안** | 安 | 安否(편안할 안, 아니 부) 편안한지 여부를 묻는 인사.
問安(물을 문, 편안할 안) 웃어른에게 안부를 묻는 것. |

| 定 | 6급 宀 8획 | 定定定定定定定定 |
| 정할 **정** | 定 | 定價(정할 정, 값 가) 정해진 값.
定義(정할 정, 옳을 의) 한 사물의 개념을 명확하게 한정하는 일. |

容止若思(용지약사) : 군자의 행동거지는 엄숙하여 생각하는 듯이 하여야 한다.
言辭安定(언사안정) : 말소리는 자세히 조용하고 안정되어야 한다.

篤初誠美하고 愼終宜令이라

처음을 독실하게 함이 진실로 아름답고, 마무리를 삼가면 마땅히 좋게 하라.

篤	3급 竹 16획	篤篤篤篤篤篤篤篤篤篤篤篤篤篤篤篤
		篤實(도타울 독, 사실 실) 믿음이 도탑고 성실함. 敦篤(도타울 돈, 도타울 독) 우애나 관계가 도타운 것.
도타울 **독**	篤 篤 篤	
初	5급 刀 7획	初初初初初初初
		初行(처음 초, 갈 행) ① 처음으로 가는 길. ② 처음 하는 일. 最初(가장 최, 처음 초) 가장 처음.
처음 **초**	初 初 初	
誠	4급 言 13획	誠誠誠誠誠誠誠誠誠誠誠誠誠
		誠意(정성 성, 뜻 의) 참되고 정성스런 뜻. 忠誠(충성 충, 정성 성) 충성.
정성 **성**	誠 誠 誠	
美	6급 羊 9획	美美美美美美美美美
		美德(아름다울 미, 큰 덕) 아름다운 덕행. 美容(아름다울 미, 얼굴 용) 용모를 아름답게 매만지는 일.
아름다울 **미**	美 美 美	
愼	3급 心 13획	愼愼愼愼愼愼愼愼愼愼愼愼愼
		愼重(삼갈 신, 무거울 중) 매우 조심스러운 것. 謹愼(삼갈 근, 삼갈 신) 몸가짐이나 행동을 조심하는 것.
삼갈 **신**	愼 愼 愼	
終	5급 糸 11획	終終終終終終終終終終終
		終末(마칠 종, 끝 말) 어떤 일의 끝. 始終(비로소 시, 마칠 종) 처음과 끝. 어떤 일의 전 과정.
마칠 **종**	終 終 終	
宜	3급 宀 8획	宜宜宜宜宜宜宜宜
		便宜(편할 편, 마땅 의) 편하고 좋음. 宜當(마땅 의, 마땅 당) 사리에 옳고 마땅함.
마땅 **의**	宜 宜 宜	
令	5급 人 5획	令令令令令
		令愛(좋을 영, 사랑 애) 남의 딸을 높여 부르는 말. 命令(목숨 명, 하여금 령) 윗사람이 아랫사람에게 내리는 분부.
하여금 **령**	令 令 令	

篤初誠美(독초성미) : 사람이 처음에 정성을 다해 열심히 함은 참으로 아름다운 일이다.
愼終宜令(신종의령) : 처음을 독실하게 하는 것으로 부족하고, 끝맺음을 삼가야 지극히 좋은 것이 된다.

榮業은 所期요 籍甚無竟이라

영화로운 사업의 터전이 되는 바이고, 좋은 명예가 끝이 없으리라.

榮	4급 木 14획	榮榮榮榮榮榮榮榮榮榮榮榮榮榮
		榮光(영화 영, 빛 광) 빛나는 영예. 榮華(영화 영, 빛날 화) 귀하게 되어서 세상에 드러나는 것.
영화 **영**	榮	

業	6급 木 13획	業業業業業業業業業業業業業
		業務(일 업, 힘쓸 무) 생업의 일. 産業(낳을 산, 일 업) 생활에 필요한 것을 생산하는 모든 일.
일 **업**	業	

所	7급 戶 8획	所所所戶戶所所所
		所感(바 소, 느낄 감) 느낀 바의 생각. 所得(바 소, 얻을 득) 어떤 일을 통해 얻은 이익.
바 **소**	所	

基	5급 土 11획	基基基基基其其其其基基
		基金(터 기, 쇠 금) 어떤 일이나 사업을 위해 적립한 돈. 國基(나라 국, 터 기) 나라를 유지하는 기초.
터 **기**	基	

籍	1급 竹 20획	籍籍籍籍籍籍籍籍籍籍籍籍籍籍籍籍籍籍籍籍
		籍記(문서 적, 적을 기) 장부에 적음. 籍口(깔 자, 입 구) 핑계. 구실이 될 만한 핑계를 댐.
깔 **자** 문서 **적**	籍	

甚	3급 甘 9획	甚甚甚甚甚甚甚甚甚
		甚大(심할 심, 큰 대) 매우 큼. 極甚(지극할 극, 심할 심) 지극히 심함.
심할 **심**	甚	

無	5급 火 12획	無無無無無無無無無無無無
		無故(없을 무, 연고 고) ① 연고가 없음. ② 사고가 없이 평안함. 無用(없을 무, 쓸 용) 쓸 데가 없음.
없을 **무**	無	

竟	3급 立 11획	竟竟竟竟竟竟竟竟竟竟竟
		竟夜(마칠 경, 밤 야) 밤을 새움. 畢竟(마칠 필, 마침내 경) 마침내.
마칠 **경**	竟	

榮業所基(영업소기) : 앞에서 나온 내용을 잘 지키면 그것이 바로 번성의 기본이 되는 것이다.
籍甚無竟(자심무경) : 그뿐만 아니라 자신의 명예로운 이름이 길이 전해질 것이다.

學優登仕하여 攝職從政이라

배운 것이 넉넉하면 벼슬길에 올라, 직책을 가지고 정사(政事)에 종사한다.

學	8급 子 16획	學 學 學 學 學 學 學 學 學 學 學 學 學 學
		學識(배울 학, 알 식) ① 학문과 식견. ② 학문상의 식견. 學究(배울 학, 궁구할 구) 오로지 학문에 몰두하는 것.
배울 **학**	學	

優	4급 人 17획	優 優 優 優 優 優 優 優 優 優 優 優 優 優 優
		優劣(넉넉할 우, 용렬할 열) 나음과 못함. 우등과 열등. 優待(넉넉할 우, 기다릴 대) 특별히 잘 대우함.
넉넉할 **우**	優	

登	7급 癶 12획	登 登 登 登 登 登 登 登 登 登 登 登
		登校(오를 등, 학교 교) 학교에 가는 것. 登記(오를 등, 기록할 기) 기록에 올림.
오를 **등**	登	

仕	5급 人 5획	仕 仕 仕 仕 仕
		出仕(날 출, 벼슬 사) 벼슬을 처음 함. 奉仕(받들 봉, 벼슬 사) 자신을 돌보지 아니하고 애쓰는 것.
벼슬 **사**	仕	

攝	2급 手 21획	攝 攝 攝 攝 攝 攝 攝 攝 攝 攝 攝 攝 攝 攝 攝 攝
		攝取(잡을 섭, 가질 취) 양분을 빨아들임. 攝政(잡을 섭, 정사 정) 임금을 대리하여 정사를 맡아봄.
잡을 **섭**	攝	

職	4급 耳 18획	職 職 職 職 職 職 職 職 職 職 職 職 職 職 職 職
		職業(일 직, 업 업) 생활을 유지하기 위해 갖는 일. 求職(구할 구, 일 직) 직장을 구하는 것.
일 **직**	職	

從	4급 彳 11획	從 從 從 從 從 從 從 從 從 從 從
		從事(좇을 종, 일 사) 어떤 일에 마음과 힘을 다하는 것. 從軍(좇을 종, 군사 군) 군대를 따라 싸움터로 나가는 것.
좇을 **종**	從	

政	4급 攵 9획	政 政 政 政 政 政 政 政 政
		政見(정사 정, 볼 견) 정치에 대한 의견이나 식견. 政治(정사 정, 다스릴 치) 나라를 다스리는 일.
정사 **정**	政	

50

學優登仕(학우등사) : 배우고서 여유가 있으면 벼슬에 오른다.
攝職從政(섭직종정) : 벼슬에 올라 관직을 맡아 정치에 종사한다.

存以甘棠하니 去而益詠이라

소공(김公)이 감당(甘棠) 나무 아래에 머무르다 떠나자,
더욱 감당시(甘棠詩)를 읊는다.

存 **있을 존**	4급 子 6획	存存存存存存
		存在(있을 존, 있을 재) 사람이나 사물이 실재로 있는 것. 保存(보호할 보, 있을 존) 잘 지니어 잃지 않도록 함.
以 **써 이**	5급 人 5획	以以以以
		以南(써 이, 남녘 남) 어떤 기준으로부터 그 남쪽. 所以(바 소, 써 이) 까닭.
甘 **달 감**	4급 甘 5획	甘十廿甘甘
		甘苦(달 감, 쓸 고) 단 맛과 쓴 맛. 甘受(달 감, 받을 수) 불만 없이 달게 받는 것.
棠 **아가위 당**	1급 木 12획	棠棠棠棠棠棠棠棠棠棠棠棠
		棠梨(아가위 당, 배 이) 팥배나무의 열매. 팥배. 海棠花(바다 해, 아가위 당, 꽃 화) 해당화.
去 **갈 거**	5급 厶 5획	去去去去去
		去取(없앨 거, 취할 취) 버림과 취함. 過去(지나갈 과, 갈 거) 지나간 때. 지난날.
而 **말이을 이**	3급 而 6획	而而而而而而
		似而非(같을 사, 말이을 이, 아닐 비) 겉은 비슷하나 속은 완전히 다름. 而立(말이을 이, 설 립) 30세.
益 **더할 익**	4급 皿 10획	益益益益益益益益益益
		益鳥(더할 익, 새 조) 인간에게 이로운 새. 利益(이로울 이, 더할 익) 어떤 일을 통하여 이로운 것을 남김.
詠 **읊을 영**	3급 言 12획	詠詠詠詠詠詠詠詠詠詠詠詠詠
		詠歌(읊을 영, 노래 가) 시나 노래를 읊음. 誦詠(외울 송, 읊을 영) 시나 노래를 외워 읊는 것.

存以甘棠(존이감당) : 주(周)나라 소공이 남쪽 나라 제후로 있으면서 감당나무 아래에서 백성을 교화하였다.
去以益詠(거이익영) : 소공이 떠나가자 남쪽 나라 백성이 더욱 그 덕을 기리어 감당시(甘棠詩)를 읊었다.

樂은 殊貴賤하고 禮는 別尊卑라

음악은 신분의 높음과 낮음에 따라 다르고, 예절(禮節)은 높고 낮음을 가린다.

樂 6급 木 15획
樂譜(풍류 악, 계보 보) 음악의 곡조를 일정한 기호로 기록한 것.
音樂(소리 음, 풍류 악) 음악.
풍류 **악**

殊 3급 歹 10획
殊功(다를 수, 공 공) 뛰어난 공훈.
特殊(특별할 특, 다를 수) 보통의 것과는 특별히 다른.
다를 **수**

貴 5급 貝 12획
貴重(귀할 귀, 무거울 중) 매우 소중함.
高貴(높을 고, 귀할 귀) 훌륭하고 귀중함.
귀할 **귀**

賤 3급 貝 15획
賤民(천할 천, 백성 민) 지체가 낮고 천한 백성.
貴賤(귀할 귀, 천할 천) 귀한 것과 천한 것.
천할 **천**

禮 6급 示 18획
禮儀(예도 예, 거동 의) 예절과 몸가짐.
禮物(예도 예, 만물 물) 예의를 표하기 위해 주는 물건.
예도 **예(례)**

別 6급 刀 7획
別故(다를 별, 연고 고) 뜻밖의 사고.
作別(지을 작, 다를 별) 서로 인사를 나누고 헤어지는 것.
다를 **별**

尊 4급 寸 12획
尊敬(높을 존, 공경할 경) 존대하여 공경함.
尊待(높을 존, 기다릴 대) 높이 받들어 대접하는 것.
높을 **존**

卑 3급 十 8획
卑屈(낮을 비, 굽을 굴) 겁이 많고 줏대가 없이 비겁함.
卑下(낮을 비, 아래 하) 자기 자신을 낮춤.
낮을 **비**

樂殊貴賤(악수귀천) : 음악은 신분이 귀한지 천한지에 따라 등급의 차이가 있었다.
禮別尊卑(예별존비) : 예의를 정하여 신분에 따라 높고 낮음의 구별이 있게 하였다.

上和下睦하고 夫唱婦隨라

위에서 화(和)하면 아래에서도 화목하고, 지아비가 선창(先唱)하고 지어미는 따른다.

上	7급 一 3획	上 上 上
		上陸(윗 상, 뭍 륙) 육지로 올라감. 最上(가장 최, 윗 상) 수준이나 등급이 맨 위인 것.
윗 **상**	上	上 上

和	6급 口 8획	和 和 千 禾 禾 和 和 和
		和解(화목할 화, 풀 해) 다툼질을 그치고 서로 감정을 푸는 것. 人和(사람 인, 화합 화) 인심이 화합함.
화목할 **화**	和	和 和

下	7급 一 3획	下 下 下
		下問(아래 하, 물을 문) 아랫사람에게 묻는 것. 貴下(귀할 귀, 아래 하) 상대방을 존중하여 이름 대신 쓰는 말.
아래 **하**	下	下 下

睦	3급 目 13획	睦 睦 睦 睦 睦 睦 睦 睦 睦 睦 睦 睦 睦
		和睦(화목할 화, 화목할 목) 서로 화합하여 정다움. 親睦(친할 친, 화목할 목) 서로 친하여 뜻이 맞고 정다움.
화목할 **목**	睦	睦 睦

夫	7급 大 4획	夫 夫 夫 夫
		夫婦(지아비 부, 지어미 부) 남편과 아내. 夫君(지아비 부, 임금 군) '남편'의 높임말.
지아비 **부**	夫	夫 夫

唱	5급 口 11획	唱 唱 唱 唱 唱 唱 唱 唱 唱 唱 唱
		先唱(먼저 선, 부를 창) 먼저 앞장서서 부르짖음. 主唱(주인 주, 부를 창) 주장하여 부르짖음.
부를 **창**	唱	唱 唱

婦	4급 女 11획	婦 婦 婦 婦 婦 婦 婦 婦 婦 婦 婦
		婦人(지어미 부, 사람 인) 결혼한 여자. 子婦(아들 자, 지어미 부) 며느리.
지어미 **부**	婦	婦 婦

隨	3급 阜 16획	隨 隨 隨 隨 隨 隨 隨 隨 隨 隋 隋 隋 隋 隨
		隨想(따를 수, 생각 상) 그때그때 떠오르는 생각. 隨行(따를 수, 행할 행) 일정한 사명을 띠고 따라감.
따를 **수**	隨	隨 隨

上和下睦(상화하목) : 위에서 사랑하고 아래서 공경함으로써 서로 화목하게 된다.
夫唱婦隨(부창부수) : 가정에서도 남편이 앞서 이끌면 아내가 따라서 화목한 가정을 이루어야 한다.

外受傅訓하고 入奉母儀라

밖에서 스승의 가르침을 받고, 들어가 어머니의 몸가짐을 받든다.

外	8급 夕 5획	外 ク 夕 外 外 外交(바깥 외, 사귈 교) 외국과의 교제. 除外(제할 제, 바깥 외) 어떤 범위의 밖에 두는 것.
바깥 **외**	外	外 外
受	4급 又 8획	受 受 受 受 受 受 受 受 受賞(받을 수, 상줄 상) 상을 받음. 傳受(전할 전, 받을 수) 기술이나 지식 등을 전하여 받는 것.
받을 **수**	受	受 受
傅	2급 人 12획	傅 傅 傅 傅 傅 傅 傅 傅 傅 傅 傅佐(도울 부, 도울 좌) 남의 도움이 됨. 師傅(스승 사, 스승 부) 자기를 가르쳐 이끌어 주는 사람.
스승 **부**	傅	傅 傅
訓	6급 言 10획	訓 訓 訓 訓 訓 訓 訓 訓 訓 訓 訓示(가르칠 훈, 보일 시) 주의 사항을 주거나 가르쳐 타이르는 것. 家訓(집 가, 가르칠 훈) 한 집안의 어른이 자손에게 주는 가르침.
가르칠 **훈**	訓	訓 訓
入	7급 入 2획	入 入 入門(들 입, 문 문) 어떤 것을 배우는 길에 들어감. 出入(날 출, 들 입) 드나듦.
들 **입**	入	入 入
奉	5급 大 8획	奉 奉 奉 奉 奉 奉 奉 奉 奉養(받들 봉, 기를 양) 부모나 조부모를 받들어 섬기는 것. 奉行(받들 봉, 갈 행) 웃어른이 시키는 대로 받들어 행하는 것.
받들 **봉**	奉	奉 奉
母	8급 母 5획	母 母 母 母 母 母校(어미 모, 학교 교) 자신이 졸업하거나 다니고 있는 학교. 母女(어미 모, 계집 녀) 어머니와 딸.
어머니 **모**	母	母 母
儀	4급 人 15획	儀 儀 儀 儀 儀 儀 儀 儀 儀 儀 儀 儀 儀 儀式(거동 의, 법 식) 어떤 행사를 치르는 법식. 儀禮(거동 의, 예도 례) 의식.
거동 **의**	儀	儀 儀

外受傅訓(외수부훈) : 남자는 나이가 차면 밖에 나가 스승의 가르침을 받아야 한다.
入奉母儀(입봉모의) : 여자는 집에 들어가 어머니를 받들어 예의에 벗어나지 않도록 해야 한다.

諸姑伯叔은 猶子比兒라

모든 고모와 큰아버지와 작은아버지들은
조카를 자기 자식처럼 여기고 자기 아이에게 견준다.

諸	3급 言 16획	諸諸諸諸諸諸諸諸諸諸諸諸諸諸諸諸
		諸君(모두 제, 임금 군) '여러분'의 뜻으로 주로 손아랫사람에게 씀. 諸般(모두 제, 돌아올 반) 여러 가지. 모든.
모두 **제**	諸	

姑	3급 女 8획	姑姑姑姑姑姑姑姑
		姑母(고모 고, 어미 모) 아버지의 누이. 姑從(고모 고, 좇을 종) '고종 사촌'의 준말.
고모 **고**	姑	

伯	3급 人 7획	伯伯伯伯伯伯伯
		伯仲(맏 백, 버금 중) ① 맏이와 둘째. ② 재주 등이 서로 비금비금함. 伯氏(맏 백, 성 씨) 남의 '맏형'의 높임말.
맏 **백**	伯	

叔	4급 又 8획	叔叔叔叔叔叔叔叔
		叔姪(아저씨 숙, 조카 질) 아저씨와 조카. 叔母(아저씨 숙, 어미 모) 숙부의 아내.
아저씨 **숙**	叔	

猶	3급 犬(犭) 12획	猶猶猶猶猶猶猶猶猶猶猶猶
		猶父(같은 유, 아버지 부) 아버지의 형제. 猶豫(같은 유, 미리 예) 시간이나 날짜를 미루고 끎.
같을 **유**	猶	

子	7급 子 3획	子子子
		子女(아들 자, 계집 녀) 아들과 딸. 孝子(효도 효, 아들 자) 효성스런 자식.
아들 **자**	子	

比	5급 比 4획	比比比比
		比等(견줄 비, 같을 등) 서로 비슷함. 對比(대답할 대, 견줄 비) 차이를 서로 비교하는 것.
견줄 **비**	比	

兒	5급 儿 8획	兒兒兒兒兒兒兒兒
		兒童(아이 아, 아이 동) 어린아이. 育兒(기를 육, 아이 아) 어린아이를 기르는 것.
아이 **아**	兒	

諸姑伯叔(제고백숙) : 고모와 백부, 숙부들은 모두 아버지의 형제이다.
猶子比兒(유자비아) : 고모·백부·숙부의 처지에서 보면 조카들도 자기 아이들과 같이 대해야 한다.

孔懷兄弟는 同氣連枝라

깊이 생각해 주는 형과 아우는 기운이 같고 가지가 이어져 있다.

孔 구멍 **공**	4급 子 4획	孔穴(구멍 공, 구멍 혈) 구멍. 틈. 氣孔(기운 기, 구멍 공) 식물에서 공기의 통로가 되는 구멍.
懷 품을 **회**	3급 心 19획	懷抱(품을 회, 안을 포) 마음 속에 품은 정. 懷古(품을 회, 옛 고) 옛일을 회상함.
兄 맏 **형**	8급 儿 5획	兄弟(맏 형, 아우 제) 형과 동생. 妹兄(누이 매, 맏 형) 손위 누이의 남편.
弟 아우 **제**	8급 弓 7획	弟子(아우 제, 아들 자) 가르침을 받는 사람. 子弟(아들 자, 아우 제) '남의 아들' 의 높임말.
同 같을 **동**	7급 口 6획	同感(같을 동, 느낄 감) 같은 느낌. 同甲(같을 동, 갑옷 갑) 같은 나이. 또는, 나이가 같은 사람.
氣 기운 **기**	7급 气 10획	氣溫(기온 기, 따뜻할 온) 대지의 온도. 熱氣(더울 열, 기온 기) 뜨거운 기운.
連 이을 **련**	4급 辶 11획	連結(이을 연, 맺을 결) 서로 이어서 맺는 것. 連勝(이을 연, 이길 승) 연이어 이기는 것.
枝 가지 **지**	3급 木 8획	枝葉(가지 지, 잎사귀 엽) ① 가지와 잎사귀. ② 중요하지 않은 부분. 枝幹(가지 지, 줄기 간) 가지와 원 줄기.

孔懷兄弟(공회 형제) : 형제는 서로 사랑하여 의좋게 지내야 한다.
同氣連枝(동기 련지) : 형제는 부모의 정기를 함께 받았으니, 이는 나무의 가지가 서로 이어진 것과 같다.

交友에 投分하고 切磨箴規라

벗을 사귀어 정분을 함께 나누고, 깎고 갈며 서로 잡도리하며 경계하고 간한다.

交 사귈 **교**	6급 亠 6획	交交交交交交 交代(사귈 교, 대신 대) 서로 번갈아 대신하는 것. 交通(사귈 교, 통할 통) 한 지역에서 다른 지역으로 이동하는 것.
友 벗 **우**	5급 又 4획	友友友友 友愛(벗 우, 사랑 애) 친구 사이의 사랑. 學友(배울 학, 벗 우) 한 학교에서 같이 공부하는 벗.
投 던질 **투**	4급 手 7획	投投投投投投投 投石(던질 투, 돌 석) 돌을 던짐. 投合(던질 투, 합할 합) 마음이 서로 딱 맞음.
分 나눌 **분**	6급 刀 4획	分分分分 分讓(나눌 분, 사양 양) 큰 덩어리를 잘라 여럿에게 양도하는 것. 分業(나눌 분, 업 업) 일을 나누어서 하는 것.
切 끊을 **절**	5급 刀 4획	切切切切 切斷(끊을 절, 끊을 단) 자르거나 베어 끊는 것. 切削(끊을 절, 깎을 삭) 쇠붙이를 자르거나 깎는 것.
磨 갈 **마**	3급 石 16획	磨磨广广庐庻庻麻麻磨磨磨磨磨 磨滅(갈 마, 멸할 멸) 갈려 닳아서 얇아지거나 없어지는 것. 磨耗(갈 마, 감할 모) 기계의 부품 등이 닳는 것.
箴 경계 **잠**	1급 竹 15획	箴箴箴箴箴箴箴箴箴箴箴箴箴 箴戒(경계할 잠, 경계할 계) 깨우쳐 타이르는 것. 箴言(경계할 잠, 말씀 언) 가르쳐서 경계하는 말.
規 법 **규**	5급 見 11획	規規規規規規規規規規規 規範(법 규, 법 범) 의무적으로 지켜야 할 질서. 規格(법 규, 격식 격) 일정한 규정에 맞는 격식.

交友投分(교우투분) : 벗을 사귐에 있어서는 친구 사이에 정분을 함께 나누어야 한다.
切磨箴規(절마잠규) : 벗과 함께 열심히 닦고 배우며, 서로 경계하고 일깨워준다.

仁慈隱惻을 造次에도 弗離라

인자하고 측은하게 여기는 마음을 잠깐이라도 떠나지 말아야 한다.

仁 어질 **인**	4급 人 4획	ノイイ仁 仁德(어질 인, 큰 덕) 어진 덕. 仁義(어질 인, 의로울 의) 어진 것과 의로운 것.
慈 인자할 **자**	3급 心 13획	慈善(인자할 자, 착할 선) 선의를 베풂. 仁慈(어질 인, 인자할 자) 어질고 자애로움.
隱 숨을 **은**	4급 阜 17획	隱蔽(숨을 은, 가릴 폐) 덮어 감춤. 가리어 숨김. 隱居(숨을 은, 거할 거) 사회 활동을 피하고 숨어서 삶.
惻 슬플 **측**	1급 心 12획	惻然(슬퍼할 측, 그럴 연) 가엾게 여기는 모양. 惻隱(슬퍼할 측, 불쌍히여길 은) 가엾고 불쌍함.
造 지을 **조**	4급 辵 11획	造林(지을 조, 수풀 림) 나무를 심어 숲을 이루는 일. 製造(지을 제, 지을 조) 물건을 만들어 냄.
次 버금 **차**	4급 欠 6획	次期(버금 차, 기약 기) 다음의 시기. 順次(순할 순, 차례 차) ① 돌아오는 차례. ② 차례차례.
弗 아닐 **불**	3급 弓 5획	弗貨(아닐 불, 화폐 화) 달러를 단위로 하는 화폐. 弗素(아닐 불, 흴 소) 플루오르. 할로겐 원소의 하나.
離 떠날 **리**	4급 隹 19획	離間(떠날 이, 사이 간) 두 사람 사이를 멀어지도록 하는 것. 距離(거리 거, 떠날 리) 공간적으로 떨어진 길이.

仁慈隱惻(인자은측) : 어질고 자애롭고 불쌍히 여기는 마음은,
造次弗離(조차불리) : 잠시 동안이라도 떠나지 않도록 하라.

節義廉退는 顚沛匪虧라

절개와 의리와 청렴과 물러남은, 엎어지고 자빠지는 순간에도 이지러뜨릴 수 없다.

節	5급 竹 15획	節 節 節 節 節 節 節 節 節 節 節 節 節 節 節										
		節介(마디 절, 클 개) 굳게 지키는 지조와 정절. 節減(절약할 절, 덜 감) 절약하여 줄임.										
마디 **절**	節	節 節										
義	4급 羊 13획	義 義 義 義 義 義 義 義 義 義 義										
		義擧(옳을 의, 들 거) 옳은 일을 위하여 일어서는 것. 信義(믿을 신, 옳을 의) 믿음과 의리.										
옳을 **의**	義	義 義										
廉	3급 广 13획	廉 廉 廉 廉 廉 廉 廉 廉 廉 廉 廉 廉 廉										
		廉恥(청렴 염, 부끄러울 치) 깨끗하고 부끄러움을 앎. 廉價(값쌀 염, 값 가) 싼 값.										
청렴 **렴**	廉	廉 廉										
退	4급 辵 10획	退 退 退 艮 艮 艮 退 退 退 退										
		退色(물러갈 퇴, 빛 색) 색이 바램. 進退(나아갈 진, 물러갈 퇴) ① 나아감과 물러섬. ② 행동거지.										
물러갈 **퇴**	退	退 退										
顚	1급 頁 19획	顚 顚 顚 顚 眞 眞 眞 眞 眞 眞 眞 顚 顚 顚 顚										
		顚墜(기울어질 전, 떨어질 추) 추락함. 顚末(기울어질 전, 끝 말) 일의 처음부터 마지막까지의 경과.										
기울어질 **전**	顚	顚 顚										
沛	1급 水 7획	沛 沛 沛 沛 沛 沛 沛 沛										
		沛然(성할 패, 그럴 연) 비가 세차게 쏟아지는 모양. 沛澤(성할 패, 못 택) 초목이 무성하고 물이 있는 곳.										
자빠질 **패**	沛	沛 沛										
匪	2급 匚 10획	匪 匪 匪 匪 匪 匪 匪 匪 匪 匪										
		匪躬(아닐 비, 몸 궁) 자기 몸을 돌보지 않고 충성함. 匪賊(비적 비, 도둑 적) 떼를 지어 다니며 약탈하는 도둑.										
아닐 **비** 비적 **비**	匪	匪 匪										
虧	무급 虍 17획	虧 虧 虧 虧 虧 虧 虧 虧 虧 虧 虧 虧 虧 虧 虧										
		虧損(이지러질 휴, 덜 손) 이지러져서 손상됨. 虧月(이지러질 휴, 달 월) 이지러진 달.										
이지러질 **휴**	虧	虧 虧										

節義廉退(절 의 렴퇴) : 절개, 의리, 청렴, 물러남은
顚沛匪虧(전 패 비 휴) : 어려운 가운데에서도 조금이라도 이지러짐이 있어서는 안 된다.

性靜하면 情逸하고 心動하면 神疲라

성품이 고요하면 감정도 편안하고, 마음이 흔들리면 정신도 피로해진다.

性 5급 心 8획	性性性性性性性性性	
	性情(성품 성, 뜻 정) 성질과 심정. 또는 타고난 성질. 根性(뿌리 근, 성품 성) ① 근본 성질. ② 타고난 마음.	
성품 **성**	性	
靜 4급 靑 16획	靜靜靜靑靑靑靑靑靑靑靑靑靜靜靜靜	
	靜淑(고요할 정, 맑을 숙) 고요하고 맑음. 平靜(평평할 평, 고요할 정) 평안하고 고요함.	
고요할 **정**	靜	
情 5급 心 11획	情情情情情情情情情情情	
	情勢(뜻 정, 형세 세) 일이 되어가는 형편. 表情(겉 표, 뜻 정) 얼굴에서 겉으로 드러나는 감정.	
뜻 **정**	情	
逸 3급 辶 12획	逸逸逸逸逸免免逸逸逸逸逸	
	逸話(빠질 일, 말할 화) 세상에 널리 알려지지 않는 이야기. 安逸(편안할 안, 편안할 일) 애쓰지 않고 편안한 맘을 누리려 하는 것.	
편안할 **일**	逸	
心 7급 心 4획	心心心心	
	心理(마음 심, 이치 리) 마음의 작용과 의식의 상태. 野心(들 야, 마음 심) 남 몰래 마음에 품은 소망.	
마음 **심**	心	
動 7급 力 11획	動動動動動動重重重動動	
	動作(움직일 동, 지을 작) 움직임. 動搖(움직일 동, 흔들 요) 움직이고 흔들림.	
움직일 **동**	動	
神 6급 示 10획	神神神神神神神神神神	
	神經(귀신 신, 싸줄 경) 마음이나 감각의 작용. 精神(가릴 정, 귀신 신) 마음이나 생각.	
귀신 **신**	神	
疲 4급 疒 10획	疲疲疲疲疲疲疲疲疲疲	
	疲困(가쁠 피, 곤할 곤) 몸과 마음이 지쳐서 고달픔. 疲弊(가쁠 피, 해어질 폐) 낡고 쇠약해짐.	
가쁠 **피**	疲	

性靜情逸(성정정일) : 사람이 타고난 본성이 고요하면 감정도 편안하다.
心動神疲(심동신피) : 마음이 굳지 못하고 움직이면 정신도 피곤하다.

守眞하면 志滿하고 逐物하면 意移라

참을 지키면 뜻이 가득해지고, 사물을 쫓아가면 뜻이 옮겨진다.

守	4급 宀 6획	守守守守守守守守守守	
		守備(지킬 수, 갖출 비) 지키어 방비함. 守節(지킬 수, 마디 절) 절의나 정절을 지키는 것.	
지킬 **수**	守	守 守	
眞	4급 目 10획	眞眞眞眞眞眞眞眞眞眞	
		眞價(참 진, 값 가) 참된 가치. 眞理(참 진, 이치 리) 참된 이치.	
참 **진**	眞	眞 眞	
志	4급 心 7획	志志志志志志志	
		志士(뜻 지, 선비 사) 나라와 사회를 위해 높은 뜻을 품은 사람. 志願(뜻 지, 원할 원) 바라서 원하는 것.	
뜻 **지**	志	志 志	
滿	4급 水 14획	滿滿滿滿滿滿滿滿滿滿滿滿滿滿	
		滿發(찰 만, 필 발) 많은 꽃이 한꺼번에 활짝 피는 것. 滿足(찰 만, 발 족) 마음에 모자란 느낌이 없음.	
찰 **만**	滿	滿 滿	
逐	3급 辶 11획	逐逐逐逐逐逐逐逐逐逐逐	
		逐出(쫓을 축, 나갈 출) 쫓아버림. 角逐(뿔 각, 쫓을 축) 서로 이기려고 다투며 겨룸.	
쫓을 **축**	逐	逐 逐	
物	7급 牛 8획	物物物物物物物物	
		物價(만물 물, 값 가) 물건의 값. 文物(글월 문, 만물 물) 세상에 있는 모든 것.	
만물 **물**	物	物 物	
意	6급 心 13획	意意意意意意意意意意意意意	
		意見(뜻 의, 볼 견) 어떤 사물에 대하여 마음에 일어난 생각. 意思(뜻 의, 생각 사) 마음 먹은 생각.	
뜻 **의**	意	意 意	
移	4급 禾 11획	移移移移移移移移移移移	
		移植(옮길 이, 심을 식) 옮겨 심음. 移民(옮길 이, 백성 민) 다른 나라의 영토에 이주하는 것.	
옮길 **이**	移	移 移	

守眞志滿(수진지만) : 사람의 참도리를 지키면 의지가 항상 기쁨으로 충만하다.
逐物意移(축물의이) : 마음이 밖의 사물을 쫓게 되면 뜻이 저절로 옮겨지게 된다.

堅持雅操하면 好爵自縻니라

바른 지조를 굳게 지키면, 좋은 벼슬이 저절로 따른다.

한자	급수·부수·획수	필순 및 뜻
堅	4급 土 11획	堅堅堅堅堅堅堅堅堅堅堅 堅固(굳을 견, 굳을 고) 굳음. 튼튼함. 堅實(굳을 견, 열매 실) 믿음직스럽게 튼튼하고 착실함.
굳을 **견**	堅	
持	4급 手 9획	持持持持持持持持持持 持論(가질 지, 의논 론) 늘 가지고 있는 의견. 支持(지탱할 지, 버틸 지) 버티거나 굄.
가질 **지**	持	
雅	3급 隹 12획	雅雅雅雅雅雅雅雅雅雅雅雅 雅量(아담할 아, 양 량) 넓은 도량. 優雅(넉넉할 우, 아담할 아) 품위있고 아름다움.
바를 **아**	雅	
操	5급 手 16획	操操操操操操操操操操操操操操操操 操身(지조 조, 몸 신) 행동을 삼감. 志操(뜻 지, 잡을 조) 의지와 절조.
지조 **조**	操	
好	4급 女 6획	好好好好好好 好感(좋을 호, 느낄 감) 좋게 여기는 감정. 好奇心(좋을 호, 기이할 기, 마음 심) 신기하거나 모르는 것을 알고 싶어하는 마음.
좋을 **호**	好	
爵	3급 爪 18획	爵爵爵爵爵爵爵爵爵爵爵爵爵爵爵爵爵爵 爵位(벼슬 작, 자리 위) 벼슬과 지위. 爵號(벼슬 작, 부를 호) 관작의 칭호.
벼슬 **작**	爵	
自	7급 自 6획	自自自自自自 自立(스스로 자, 설 립) 남의 힘을 입지 않고 스스로 섬. 獨自(홀로 독, 스스로 자) 다른 것과 달리 그 자체가 특이함.
스스로 **자**	自	
縻	무급 糸 17획	縻縻縻縻縻縻縻縻縻縻縻縻縻縻縻縻縻 繫縻(맬 계, 얽을 미) 얽어 맴. 자유를 구속함. 羈縻(굴레 기, 얽을 미) 굴레를 씌우듯 자유를 속박함.
얽을 **미**	縻	

堅持雅操(견지아조) : 바른 지조를 굳게 지키며, 자기에게 있는 도리(道理)를 다한다.
好爵自縻(호작자미) : 나에게 있는 도리를 극진히 하면 좋은 벼슬이 저절로 따른다.

都邑華夏는 東西二京이니

중국의 서울은 동쪽 서쪽의 두 서울이다.

都	5급 邑 12획	都 都 者 者 者 者 者 者 者 者 都 都 都
		都市(도읍 도, 저자 시) 일정한 지역의 중심이 되어 사람이 많이 사는 지역. 首都(머리 수, 도읍 도) 서울.
도읍 **도**	都	
邑	7급 邑 7획	邑 邑 邑 邑 邑 邑 邑
		邑內(고을 읍, 안 내) 읍의 구역 안. 都邑(도읍 도, 고을 읍) ① 서울. ② 작은 도시.
고을 **읍**	邑	
華	4급 艸 12획	華 華 華 華 華 華 華 華 華
		華婚(빛날 화, 혼인할 혼) 혼인. 榮華(영화 영, 빛날 화) 귀하게 되어 몸이 세상에 드러남.
빛날 **화**	華	
夏	7급 夂 10획	夏 夏 夏 夏 頁 頁 頁 頁 夏 夏
		夏季(여름 하, 끝 계) 여름철. 夏服(여름 하, 옷 복) 여름 옷.
여름 **하**	夏	
東	8급 木 8획	東 東 東 東 東 東 東 東
		東洋(동녘 동, 바다 양) 유라시아 대륙의 동부 지역. 極東(가운데 극, 동녘 동) 동양의 가장 동쪽에 위치한 지방.
동녘 **동**	東	
西	8급 西 6획	西 西 丙 丙 西 西
		西方(서녘 서, 모 방) ① 서쪽. ② 서유럽의 자유주의 국가. 西風(서녘 서, 바람 풍) 서쪽에서 부는 바람.
서녘 **서**	西	
二	8급 二 2획	二 二
		二心(두 이, 마음 심) ① 두 가지 마음. ② 배반하는 마음. 二重(두 이, 무게 중) 두 겹. 겹침.
두 **이**	二	
京	6급 亠 8획	京 京 京 京 京 京 京 京
		京鄕(서울 경, 시골 향) 서울과 시골. 上京(윗 상, 서울 경) 서울로 올라옴.
서울 **경**	京	

都邑華夏(도읍화하) : 중국의 서울은
東西二京(동서이경) : 동경(東京)과 서경(西京)의 두 서울이다.

背邙面洛하고 浮渭據涇이라

북망산(北邙山)을 뒤에 두고, 낙수(洛水)를 앞에 두었고,
위수(渭水)에 떠가기도 하며, 경수(涇水)에 위치하기도 한다.

背	4급 肉 9획	背背背背背背背背背
		背泳(등 배, 헤엄칠 영) 등헤엄. 背信(등 배, 믿을 신) 신의를 저버림.
등 **배**	背	
邙	무급 阝 6획	邙邙邙邙邙邙
		北邙山(북녘 북, 뫼 망, 메 산) ① 중국 낙양에 있는 산 이름. ② 무덤이 많은 곳. 사람이 죽어 묻히는 곳.
뫼 **망**	邙	
面	7급 面 9획	面面面面面面面面面
		面目(얼굴 면, 눈 목) ① 얼굴이 생긴 모양. ② 남을 대하는 체면. 面接(얼굴 면, 접할 접) 서로 대면하여 만나보는 것.
낯 **면**	面	
洛	3급 水 9획	洛洛洛洛洛洛洛洛洛
		洛花(낙수 낙, 꽃 화) 모란의 다른 이름. 京洛(서울 경, 낙수 락) 서울.
낙수 **락**	洛	
浮	3급 水 10획	浮浮浮浮浮浮浮浮浮浮
		浮沈(뜰 부, 잠길 침) 물에 떴다 잠겼다 함. 浮動(뜰 부, 움직일 동) 떠 움직임.
뜰 **부**	浮	
渭	2급 水 12획	渭渭渭渭渭渭渭渭渭渭渭渭
		渭濁涇淸(위수 위, 탁할 탁, 경수 경, 맑을 청) 위수는 탁하고 경수는 맑음. 사물·인품의 격차가 큼의 비유.
위수 **위**	渭	
據	4급 手 16획	據據據據據據據據據據據據據據
		據點(웅거할 거, 점 점) 활동의 근거로 삼는 중요한 지점. 論據(논할 논, 웅거할 거) 논설이나 이론의 근거.
웅거할 **거**	據	
涇	무급 水 10획	涇涇涇涇涇涇涇涇涇涇
		涇渭(경수 경, 위수 위) 경수와 위수. 사리의 옳고 그름과 시비(是非)의 분간.
경수 **경**	涇	

背邙面洛(배망면락) : 동경(東京)인 낙양(洛陽)은 북쪽으로 북망산(北邙山)이 있고, 남쪽으로 낙수(洛水)가 있다.
浮渭據涇(부위거경) : 서경(西京)인 장안(長安)은 위수(渭水) 가에 떠 있고, 경수(涇水)에 의지하고 있다.

宮殿은 盤鬱하고 樓觀은 飛驚이라

궁(宮)과 전(殿)은 빽빽하고, 누(樓)와 관(觀)은 나는 듯,
놀라 모양을 바꾸는 듯하다.

宮	4급 宀 10획	宮宮宮宮宮宮宮宮宮宮								
		宮廷(집 궁, 조정 정) 대궐 안. 宮城(집 궁, 재 성) 궁궐을 둘러싼 성벽. 궁궐과 그 주위 전체.								
집 **궁**	宮									
殿	2급 几 13획	殿殿殿尸尸屉殿屛屛屛殿殿殿								
		殿閣(대궐 전, 집 각) ① 궁전. ② 궁궐과 누각. 殿下(대궐 전, 아래 하) 왕·왕비 등 왕족을 높여서 부르는 말.								
대궐 **전**	殿									
盤	3급 皿 15획	盤丿力舟舟舟舟般般般般般般般								
		盤石(서릴 반, 돌 석) 너럭바위. 盤結(서릴 반, 맺을 결) 서려서 얽힘.								
서릴 **반**	盤									
鬱	2급 木 29획	鬱鬱鬱鬱鬱鬱鬱鬱鬱鬱鬱鬱鬱鬱鬱								
		鬱蒼(울창할 울, 푸를 창) 큰 나무들이 빽빽하게 들어서 우거진 모양. 憂鬱(근심 우, 울창할 울) 근심스러워 활기가 없음.								
울창할 **울**	鬱									
樓	3급 木 15획	樓樓樓樓樓樓樓樓樓樓樓樓樓樓								
		樓閣(다락 누, 누각 각) 사방이 트이게 지은 집. 樓臺(다락 누, 집 대) 높은 건물.								
다락 **루**	樓									
觀	5급 見 25획	觀觀觀觀觀觀觀觀觀觀觀觀觀觀觀								
		觀客(볼 관, 손 객) 공연 따위를 구경하는 사람. 觀察(볼 관, 살필 찰) 자세히 살펴봄.								
볼 **관**	觀									
飛	4급 飛 9획	飛飛飛飛飛飛飛飛飛								
		飛火(날 비, 불 화) 튀어 박히는 불똥. 飛行(날 비, 갈 행) 공중으로 날아감.								
날 **비**	飛									
驚	4급 馬 23획	驚驚驚驚驚驚驚驚驚驚驚驚驚驚驚								
		驚異(놀랄 경, 다를 이) 놀랍고 이상스러움. 驚歎(놀랄 경, 탄식할 탄) 몹시 놀라며 감탄함.								
놀랄 **경**	驚									

宮殿盤鬱(궁전반울) : 두 서울의 궁전들은 빽빽하게 들어차 있고,
樓觀飛驚(루관비경) : 궁전의 누관(樓觀)은 새가 나는 듯 높이 솟고 놀라 모양을 바꾸는 듯하다.

圖寫禽獸하고 畵綵仙靈이라

온갖 날짐승과 길짐승을 그림으로 그렸고,
신선과 신령스러운 것들을 색칠해서 그렸다.

圖	6급 口 14획	圖圖圖圖圖圖圖圖圖圖圖圖圖圖
		圖書(그림 도, 글 서) ① 글씨, 그림, 책 등을 일컫는 말. ② 책. 圖示(그림 도, 볼 시) 그림으로 그리어 보임.
그림 **도**	圖	

寫	5급 宀 15획	寫寫寫寫寫寫寫寫寫寫寫寫寫寫
		寫本(베낄 사, 근본 본) 원본을 그대로 베껴 쓴 것. 寫生(베낄 사, 날 생) 있는 그대로 그려냄.
베낄 **사**	寫	

禽	3급 内 13획	禽禽禽禽禽禽禽禽禽禽禽禽禽
		家禽(집 가, 새 금) 집에서 기르는 날짐승. 禽獸(새 금, 짐승 수) 날짐승과 길짐승.
새 **금**	禽	

獸	3급 犬 19획	獸獸獸獸獸獸獸獸獸獸獸獸獸獸獸
		獸心(짐승 수, 마음 심) 짐승처럼 사납고 모진 마음. 怪獸(괴이할 괴, 짐승 수) 괴상하게 생긴 짐승.
짐승 **수**	獸	

畵	6급 田 13획	畵畵畵畵畵畵畵畵畵畵畵畵畵
		畵家(그림 화, 집 가) 그림 그리는 것을 업으로 삼는 사람. 畵風(그림 화, 바람 풍) 그림을 그리는 취향과 방식.
그림 **화**	畵	

綵	무급 糸 14획	綵綵綵綵綵綵綵綵綵綵綵綵綵綵
		綵緞(채색 채, 비단 단) 비단의 총칭. 文綵(글월 문, 채색 채) 아름다운 광채.
채색 **채**	綵	

仙	5급 人 5획	仙仙仙仙仙
		仙境(신선 선, 지경 경) 신선이 사는 곳. 仙女(신선 선, 계집 녀) 여자 신선.
신선 **선**	仙	

靈	3급 雨 24획	靈靈靈靈靈靈靈靈靈靈靈靈靈靈靈靈
		靈魂(신령 영, 혼 혼) 넋. 마음. 靈妙(신령 영, 묘할 묘) 신령스럽고 기묘함.
신령 **령**	靈	

圖寫禽獸(도사금수) : 궁전 안에는 온갖 새와 짐승 그림을 그려 장식하였다.
畵綵仙靈(화채선령) : 신선과 신령들도 그려 곱게 채색하였다.

丙舍는 傍啓하고 甲帳은 對楹이라

병사(兵舍)는 양옆으로 열려 있고, 갑장(甲帳)은 두 기둥 사이에 드리워 있다.

丙 남녘 **병**	3급 一 5획	丙丙丙丙丙
		丙科(남녘 병, 과거 과) 과거의 문과 급제자 성적의 셋째 등급. 丙辰(남녘 병, 별 진) 육십갑자리 쉰셋째.
舍 집 **사**	4급 舌 8획	舍舍舍舍舍舍舍舍
		敎舍(학교 교, 집 사) 학교의 건물. 驛舍(역 역, 집 사) 역으로 쓰는 건물.
傍 곁 **방**	3급 人 12획	傍傍傍傍傍傍傍傍傍傍
		傍觀(곁 방, 볼 관) 곁에서 봄. 傍系(곁 방, 맬 계) 직계에서 갈려 나온 계통.
啓 열 **계**	3급 口 11획	啓啓啓啓啓啓啓啓啓啓
		啓蒙(열 계, 어릴 몽) 어린 사람을 깨우쳐 줌. 啓示(열 계, 볼 시) 신의 가르침.
甲 갑옷 **갑**	4급 田 5획	甲甲甲甲甲
		甲富(갑옷 갑, 부자 부) 첫째 가는 부자. 回甲(돌아올 회, 첫째천간 갑) 육십갑자의 갑으로 되돌아 옮. 예순한 살.
帳 장막 **장**	4급 巾 11획	帳帳帳帳帳帳帳帳帳帳帳
		帳幕(장막 장, 휘장 막) 볕, 빛 등을 가리기 위해 둘러치는 물건. 通帳(통할 통, 장막 장) 예금한 사람에게 출납의 상태를 적어 주는 장부.
對 대답 **대**	6급 寸 14획	對對對對對對對對對對對對對對
		對應(대답 대, 응할 응) ① 마주 대함. ② 상대방에 응해 일을 함. 對話(대답 대, 이야기 화) 마주 대하여 이야기 하는 것.
楹 기둥 **영**	무급 木 13획	楹楹楹楹楹楹楹楹楹楹楹楹
		楹棟(기둥 영, 마룻대 영) 기둥과 마룻대. '중요한 인물' 의 비유. 丹楹(붉은 단, 기둥 영) 붉게 칠한 기둥.

丙舍傍啓(병사방계) : 신하들이 머무는 집은 전각의 옆에 열려 있다.
甲帳對楹(갑장대영) : 갑장(甲帳)이라는 휘장은 기둥 사이에 마주하고 있다.

肆筵設席하고 鼓瑟吹笙이라

자리를 펴고 방석을 놓으며, 비파(琵琶)를 타고 생황(笙簧)을 분다.

肆 베풀 **사**	무급 聿 13획	肆 丨 丨 丨 丨 聿 聿 聿 肆 肆 肆 肆 肆 肆 書肆(글 서, 가게 사) 책을 파는 가게. 市肆(시장 시, 가게 사) 시장 거리의 가게. 肆 肆 肆
筵 자리 **연**	1급 竹 13획	筵 筵 筵 筵 筵 筵 筵 筵 筵 筵 筵 筵 筵席(자리 연, 자리 석) 임금과 신하가 모여 어떤 문제에 관하여 의견을 나누던 자리. 筵 筵
設 베풀 **설**	4급 言 11획	設 設 設 設 設 設 設 設 設 設 設 設教(베풀 설, 가르칠 교) 종교의 교리를 설명하는 것. 設立(베풀 설, 세울 립) 새로 만들어 세움. 設 設
席 자리 **석**	6급 巾 10획	席 席 席 席 席 席 席 席 席 席 席次(자리 석, 버금 차) ① 자리의 차례. ② 성적의 차례. 座席(자리 좌, 자리 석) ① 앉는 자리. ② 여러 사람이 모인 자리. 席 席 席
鼓 북 **고**	3급 支 14획	鼓 鼓 鼓 鼓 鼓 鼓 鼓 鼓 鼓 鼓 鼓 鼓 鼓 鼓吹(북 고, 불 취) 북을 치고 피리를 붊. 小鼓(작을 소, 북 고) 작은 북. 鼓 鼓 鼓
瑟 비파 **슬**	2급 王 13획	瑟 瑟 瑟 瑟 瑟 瑟 瑟 瑟 瑟 瑟 瑟 瑟 瑟 鼓瑟(북 고, 비파 슬) 북과 비파. 琴瑟(거문고 금, 비파 슬) 거문고와 비파. 瑟 瑟
吹 불 **취**	3급 口 7획	吹 吹 吹 吹 吹 吹 吹 吹入(불 취, 들 입) 공기 따위를 불어 넣음. 吹奏(불 취, 아뢸 주) 관악기를 불어서 연주하는 것. 吹 吹 吹
笙 생황 **생**	무급 竹 11획	笙 笙 笙 笙 笙 笙 笙 笙 笙 笙 笙 笙管(생황 생, 피리 관) 생황. 笙簧(생황 생, 생황 황) 아악(雅樂)에 쓰이는 관악기의 하나. 笙 笙 笙

肆筵設席(사연설석) : 연회(宴會)할 때에 자리를 펴고 방석을 배열한다.
鼓瑟吹笙(고슬취생) : 연회할 때에 비파를 뜯고 생황을 불어 연주한다.

陞階納陛하니 弁轉은 疑星이라

계단으로 오르고 섬뜰로 들어가니, 고깔의 구슬 움직임이 별인 듯 의심한다.

陞	무급 阜 10획	陞級(오를 승, 등급 급) 급수나 등급이 오름. 승급(昇級). 陞進(오를 승, 나아갈 진) 등급이나 계급이 오름. 승진(昇進).
오를 **승**	陞	
階	4급 阜 12획	階段(섬돌 계, 층계 단) 오르내리기 위한 층층대. 階級(섬돌 계, 등급 급) 지위, 신분의 고하.
섬돌 **계**	階	
納	4급 糸 10획	納稅(바칠 납, 부세 세) 세금을 내는 것. 上納(윗 상, 바칠 납) 윗사람에게 금품을 바치는 것.
바칠 **납**	納	
陛	1급 阜 10획	陛坐(뜰 폐, 앉을 좌) 임금이 앉는 자리. 陛下(뜰 폐, 아래 하) 황제나 황후에 대한 경칭.
뜰 **폐**	陛	
弁	2급 廾 5획	弁裳(고깔 변, 치마 상) 관(冠)과 바지. 武弁(호반 무, 고깔 변) 무관(武官)이 쓰던 고깔.
고깔 **변**	弁	
轉	4급 車 18획	回轉(돌아올 회, 구를 전) 둥글게 돎. 한 바퀴 돎. 移轉(옮길 이, 구를 전) 장소, 주소 등을 다른 데로 옮기는 것.
구를 **전**	轉	
疑	4급 疋 14획	疑心(의심할 의, 마음 심) 이상히 여기는 마음. 疑惑(의심할 의, 미혹할 혹) 의심하여 분간하지 못함.
의심할 **의**	疑	
星	4급 日 9획	星座(별 성, 앉을 좌) 별자리. 將星(장수 장, 별 성) 군대의 장군 계급.
별 **성**	星	

陞階納陛(승계납폐) : 섬돌을 올라 궁전에 들어간다.
弁轉疑星(변전의성) : 변(弁), 곧 고깔에 달린 구슬이 마치 하늘의 별 같다.

右는 通廣內하고 左는 達承明이라

오른쪽은 광내전(廣內殿)과 통하고, 왼쪽은 승명려(承明廬)에 닿는다.

右	7급 口 5획	ノナ右右右 右方(오른 우, 모 방) 오른쪽. 左右(왼 좌, 오른 우) 왼쪽과 오른쪽.	
오른 **우**	右		
通	6급 辶 11획	通通通通甬甬甬通通通通 通達(통할 통, 사무칠 달) ① 막힘 없이 환히 통함. ② 훤히 앎. 共通(함께 공, 통할 통) 둘 또는 그 이상에서 두루 통하는 것.	
통할 **통**	通		
廣	5급 广 15획	廣廣广广庐廣廣庐庐庐庐庐庐廣廣 廣野(넓을 광, 들 야) 넓은 들. 廣場(넓을 광, 마당 장) 장애물이 없어서 넓게 트인 곳.	
넓을 **광**	廣		
內	7급 入 4획	內冂內內 內科(안 내, 조목 과) 몸 안 기관에 생긴 병을 돌보는 의술. 內包(안 내, 쌀 포) 속에 포함하는 것.	
안 **내**	內		
左	7급 工 5획	左ナ左左左 左便(왼 좌, 편할 편) 왼쪽. 左遷(왼 좌, 옮길 천) 왼쪽으로 옮김. 직위가 아래로 떨어짐.	
왼 **좌**	左		
達	4급 辶 13획	達達達達幸幸幸幸幸達達達達 達觀(통달할 달, 볼 관) 세속을 벗어난 높은 격식. 達成(통달할 달, 이룰 성) 목표에 도달하여 이룩함.	
통달할 **달**	達		
承	4급 手 8획	承了了手手承承承 承服(이을 승, 복종할 복) 납득하여 따름. 繼承(이을 계, 이을 승) 이어받는 것.	
이을 **승**	承		
明	6급 日 8획	刂刂刂刂明明明明 明暗(밝을 명, 어두울 암) 밝음과 어두움. 明白(밝을 명, 흰 백) 아주 뚜렷함.	
밝을 **명**	明		

右通廣內(우통광내) : 궁전의 오른쪽은 광내전(廣內殿)으로 통한다.
左達承明(좌달승명) : 궁전의 왼쪽은 승명려(承明廬)로 닿는다.

旣集墳典하고 亦聚群英이라

이미 삼분(三墳)과 오전(五典)을 모으고, 또한 뭇 뛰어난 사람들도 모았다.

旣 이미 **기**	3급 无 11획	旣婚(이미 기, 혼인할 혼) 이미 결혼함. 旣成(이미 기, 이룰 성) 이미 이루어졌음.
集 모을 **집**	6급 隹 12획	集散(모을 집, 흩을 산) 모여듦과 흩어짐. 集約(모을 집, 맺을 약) 한데 모아서 요약함.
墳 무덤 **분**	3급 土 15획	墳墓(무덤 분, 무덤 묘) 무덤. 封墳(봉할 봉, 무덤 분) 흙을 둥글게 쌓아올려서 만든 무덤.
典 법 **전**	5급 八 8획	典雅(법 전, 아담할 아) 법도에 맞아 아담함. 典範(법 전, 모범 범) 법이 될 만한 모범.
亦 또 **역**	3급 一 6획	亦如(또 역, 같을 여) 또한 같음. 亦是(또 역, 이 시) 또한.
聚 모일 **취**	2급 耳 14획	聚落(모일 취, 떨어질 락) 마을. 聚合(모일 취, 합할 합) 모아서 합침.
群 무리 **군**	4급 羊 13획	群衆(무리 군, 무리 중) 광범한 대중. 群居(무리 군, 거할 거) 모여 삶.
英 꽃부리 **영**	6급 艹 9획	英雄(꽃부리 영, 수컷 웅) 재능과 지혜가 뛰어난 사람. 英才(꽃부리 영, 재주 재) 뛰어난 재주.

旣集墳典(기집분전) : 광내전에는 이미 삼분(三墳)과 오전(五典)을 모았다.
亦聚群英(역취군영) : 이미 삼분과 오전을 모았고, 또한 여러 영재(英才)를 모아 토론하고 정치가는 도리를 밝혔다.

杜藁鍾隷요 漆書壁經이라

두조(杜操)의 초서(草書)와 종요(鍾繇)의 예서(隷書)가 있고,
옷칠로 쓴 벽 속의 경서(經書)이다.

杜	2급 木 7획	一 十 才 木 朴 朴 杜
		杜門不出(막을 두, 문 문, 아닐 불, 날 출) 집에만 박혀 있어 세상 밖에 나오지 않음.
막을 두	杜	
藁	무급 艸 18획	藁 藁 藁 藁 藁 藁 藁 藁 藁 藁 藁 藁 藁 藁 藁 藁 藁 藁
		席藁待罪(자리 석, 짚 고, 기다릴 대, 허물 죄) 거적을 깔고 엎드려 처벌을 기다림.
짚 고	藁	
鍾	5급 金 17획	鍾 鍾 鍾 鍾 鍾 鍾 鍾 鍾 鍾 鍾 鍾 鍾 鍾 鍾 鍾 鍾 鍾
		鐘閣(쇠북 종, 집 각) 큰 종을 달아 두기 위하여 지은 누각. 打鍾(때릴 타, 쇠북 종) 종을 치는 일.
쇠북 종	鍾	
隷	무급 隶 16획	隷 隷 隷 隷 隷 隷 隷 隷 隷 隷 隷 隷 隷 隷 隷 隷
		隷屬(종 례, 속할 속) 어떤 것에 매여 딸림. 奴隷(종 노, 종 예) 종.
종 예(례)	隷	
漆	3급 水 14획	漆 漆 漆 漆 漆 漆 漆 漆 漆 漆 漆 漆 漆 漆
		漆器(옷칠, 그릇 기) 옷칠을 한 그릇. 漆黑(옷칠, 검을 흑) 옷칠처럼 검음.
옷칠 칠	漆	
書	6급 日 10획	書 書 書 書 書 書 書 書 書 書
		書堂(글 서, 집 당) 글을 가르치는 집. 書店(글 서, 가게 점) 책을 팔거나 사는 가게.
글 서	書	
壁	4급 土 16획	壁 壁 壁 壁 壁 壁 壁 壁 壁 壁 壁 壁 壁 壁 壁 壁
		壁報(벽 벽, 갚을 보) 내용을 알리기 위해 벽에 붙이는 게시물. 壁畵(벽 벽, 그림 화) 벽에 그린 그림.
벽 벽	壁	
經	4급 糸 13획	經 經 經 經 經 經 經 經 經 經 經 經 經
		經歷(글 경, 지날 력) 겪어 온 여러 가지 일들. 經由(글 경, 말미암을 유) 거쳐 지나가는 것.
글 경	經	

72 杜藁鍾隷(두고종예) : 후한의 두조(杜操)라는 사람은 초서(草書)에, 위나라의 종요(鍾繇)는 예서(隷書)에 뛰어난 명필이었다.
漆書壁經(칠서벽경) : 공자(孔子)가 살던 집 벽에서 발견된, 옷으로 써진 경서(經書).

府羅將相하고 路挾槐卿이라

관부(官府)에는 장수와 정승들이 벌여 있고, 길 양옆에는 공경(公卿)의 집들을 끼고 있다.

府	4급 广 8획	府府府府府府府府																
		府使(마을 부, 사신 사) 부(府)의 으뜸 벼슬. 政府(정사 정, 마을 부) 입법, 사법, 행정을 맡은 국가 기관의 총칭.																
마을 **부**	府																	
羅	4급 网 19획	羅羅羅羅羅羅羅羅羅羅羅羅羅羅羅羅羅羅羅																
		羅列(벌릴 나, 줄 열) 죽 벌여 놓음. 網羅(그물 망, 벌릴 라) 널리 휘몰아 넣어 포함시키는 것.																
벌릴 **라**	羅																	
將	4급 寸 11획	將將將將將將將將將將將																
		將卒(장수 장, 군사 졸) 장수와 졸병. 將來(장수 장, 올 래) 앞날.																
장수 **장**	將																	
相	5급 目 9획	相相相相相相相相相																
		相關(서로 상, 빗장 관) 서로 관련을 가지는 것. 相逢(서로 상, 만날 봉) 만남.																
서로 **상**	相																	
路	6급 足 13획	路路路路路路路路路路路																
		路線(길 노, 실 선) 일정한 목표를 향하여 나아가는 길. 進路(나아갈 진, 길 로) 앞으로 나가는 길.																
길 **노(로)**	路																	
俠	1급 人 9획	俠俠俠俠俠俠俠俠俠																
		俠客(낄 협, 손 객) 호협한 기상을 지닌 사람. 義俠(옳을 의, 낄 협) 정의를 위하여 강자를 누르고 약자를 도움.																
낄 **협**	俠																	
槐	2급 木 14획	槐槐槐槐槐槐槐槐槐槐槐槐槐槐																
		槐木(회화나무 괴, 나무 목) 회화나무. 槐位(회화나무 괴, 자리 위) 삼공(三公)의 지위.																
회화나무 **괴**	槐																	
卿	2급 卩 12획	卿卿卿卿卿卿卿卿卿卿卿																
		卿相(벼슬 경, 재상 상) 육경(六卿)과 삼상(三相). 公卿(공 공, 벼슬 경) 삼공(三公)과 구경(九卿). 높은 벼슬 자리.																
벼슬 **경**	卿																	

府羅將相 (부라장상) : 관청에서는 장수와 정승이 늘어서서 임금을 알현한다.
路俠槐卿 (노협괴경) : 조정의 길에는 3공과 9경이 늘어서 있다.

戶封八縣하고 家給千兵이라

호(戶)로 여덟 고을을 봉(封)해 주고, 그 가문(家門)에는 많은 군사를 주었다.

戶	4급 戶 4획	戶 戶 戶 戶 戶數(가호 호, 수 수) ① 집의 수효. ② 호적상의 가호(家戶)의 수. 戶主(가호 호, 주인 주) 한 집안의 주장이 되는 사람.
가호 **호**	戶	戶 戶
封	3급 寸 9획	封 封 封 封 封 封 封 封 封 封鎖(봉할 봉, 사슬 쇄) 외부와 내왕 못하게 막음. 封印(봉할 봉, 도장 인) 봉한 자리에 도장을 찍음.
봉할 **봉**	封	封 封
八	8급 八 2획	八 八 八景(여덟 팔, 구경 경) 경치가 좋은 여덟 곳. 八字(여덟 팔, 글자 자) 사람의 한 평생의 운수.
여덟 **팔**	八	八 八
縣	3급 糸 16획	縣 縣 縣 縣 縣 縣 縣 縣 縣 縣 縣 縣 縣 縣 縣 縣 縣 縣監(고을 현, 볼 감) 조선 때 현(縣)의 장관. 郡縣(군 군, 고을 현) 행정 단위인 군(郡)과 현(縣).
고을 **현**	縣	縣 縣
家	7급 宀 10획	家 家 家 家 家 家 家 家 家 家 家計(집 가, 셀 계) 살림을 꾸려나가는 수입과 지출의 상태. 家長(집 가, 어른 장) ① 집안의 어른. ② 남편의 지칭.
집 **가**	家	家 家
給	5급 糸 12획	給 給 給 給 給 給 給 給 給 給 給 給 給與(줄 급, 줄 여) 물품을 줌. 또는 그 물건. 自給(스스로 자, 줄 급) 자기에게 필요한 것을 스스로 마련하는 것.
줄 **급**	給	給 給
千	7급 十 3획	千 千 千 千萬(일천 천, 일만 만) ① 만의 천 배. 썩 많은 수. ② 매우 많음. 千歲(일천 천, 해 세) 천년이나 되는 긴 세월.
일천 **천**	千	千 千
兵	5급 八 7획	兵 兵 兵 兵 兵 兵 兵 兵士(군사 병, 선비 사) ① 군사. ② 사병. 兵法(군사 병, 법 법) 군사를 지휘하여 전투를 행하는 방법.
군사 **병**	兵	兵 兵

戶封八縣(호봉팔현) : 공신들에게 8개의 현(縣)에서 나는 조세로 수입을 삼아 생활하게 했다.
家給千兵(가급천병) : 나라를 위하여 공을 많이 세운 신하에게는 많은 병사를 주어 그들의 가문을 지키게 하였다.

高冠陪輦하고 驅轂振纓이라

높은 관(冠)을 쓴 이들이 임금의 수레를 모시고, 수레를 몰면 끈이 진동한다.

高	6급 高 10획	高高高高高高高高高高
		高價(높을 고, 값 가) 값이 비싼 것. 高低(높을 고, 낮을 저) 높고 낮음.
높을 **고**	高	
冠	3급 冖 9획	冠冠冠冠冠冠冠冠冠
		王冠(임금 왕, 관 관) 임금이 머리에 쓰는 관. 衣冠(옷 의, 관 관) ① 옷과 관. ② 문물과 제도.
관 **관**	冠	
陪	1급 阜 11획	陪陪陪陪陪陪陪陪陪陪陪
		陪席(모실 배, 자리 석) 웃어른을 모시고 자리를 같이 하는 것. 陪審(모실 배, 살필 심) 재판의 심리에 배석함.
모실 **배**	陪	
輦	1급 車 15획	輦輦輦輦輦輦輦輦輦輦輦輦輦輦輦
		輦輿(수레 연, 수레 여) 임금이 타는 수레. 輦下(수레 연, 아래 하) 연여(輦輿)의 아래, 서울.
손수레 **련**	輦	
驅	3급 馬 21획	驅驅驅驅驅驅驅驅驅驅驅驅驅驅驅驅驅驅驅驅驅
		驅迫(몰 구, 핍박할 박) 못 견디게 굴어 박대함. 驅步(몰 구, 걸음 보) 달음박질로 가는 일.
몰 **구**	驅	
轂	무급 車 17획	轂轂轂轂轂轂轂轂轂轂轂轂轂轂轂轂轂
		轂轉(바퀴 곡, 구를 전) 수레바퀴가 구름. 車轂(수레 거, 바퀴 곡) 수레의 바퀴통.
바퀴 **곡**	轂	
振	3급 扌 10획	振振振振振振振振振振
		振幅(떨칠 진, 폭 폭) 물체가 흔들이는 폭. 振動(떨칠 진, 움직일 동) 흔들리어 움직임.
떨칠 **진**	振	
纓	무급 糸 23획	纓纓纓纓纓纓纓纓纓纓纓纓纓纓纓纓纓纓纓纓纓纓纓
		纓紳(끈 영, 띠 신) 관의 끈과 큰 띠. 벼슬이 높은 사람의 비유. 冠纓(관 관, 끈 영) 관(冠)의 끈.
끈 **영**	纓	

高冠陪輦 (고관배련) : 임금의 행차 때에는 높은 관을 쓴 대신들이 임금이 타는 수레를 모시고 따른다.
驅轂振纓 (구곡진영) : 수레를 몰면 여러 종류의 끈과 술이 진동한다.

世祿侈富하니 車駕肥輕이라

대대로 녹을 받아 사치하고 부유하니, 수레는 가볍고 말은 살찐다.

世	7급 一 5획	世 世 世 世 世
인간 **세**	世	世界(인간 세, 지경 계) 인간이 살고 있는 지구. 世波(인간 세, 물결 파) 모질고 거센 세상의 풍파.

祿	3급 示 13획	祿 祿 示 祿 祿 祿 祿 祿 祿 祿 祿 祿
녹 **록**	祿	祿俸(녹 녹, 녹 봉) 벼슬아치에게 봉급으로 주던 것의 총칭. 國祿(나라 국, 녹 록) 나라에서 주는 봉록.

侈	1급 人 8획	侈 侈 侈 侈 侈 侈 侈 侈
사치할 **치**	侈	奢侈(사치할 사, 사치할 치) 필요 이상의 돈이나 물건을 쓰거나 분수에 지나친 생활을 하는 것.

富	5급 一 11획	富 富 富 富 富 富 富 富 富 富 富
부자 **부**	富	富貴(부자 부, 귀할 귀) 재산이 많고 지위가 높은 것. 巨富(클 거, 부자 부) 썩 큰 부자.

車	7급 車 7획	車 車 車 車 車 車 車
수레 **거**	車	車道(차 차, 길 도) 차가 다니는 길. 車馬(수레 거, 말 마) ① 수레와 말. ② 사람의 왕래.

駕	1급 馬 15획	駕 駕 駕 駕 駕 駕 駕 駕 駕 駕 駕 駕 駕 駕 駕
멍에 **가**	駕	駕御(멍에 가, 어거할 어) 말을 길들여 마음대로 부림. 凌駕(능가할 능, 멍에 가) 남보다 훨씬 뛰어남.

肥	3급 肉 8획	肥 肥 肥 肥 肥 肥 肥 肥
살찔 **비**	肥	肥満(살찔 비, 찰 만) 살이 쪄서 몸이 뚱뚱한 것. 肥大(살찔 비, 큰 대) 살이 쪄서 몸이 크다.

輕	5급 車 14획	輕 輕 輕 輕 輕 輕 輕 輕 輕 輕 輕 輕 輕 輕
가벼울 **경**	輕	輕視(가벼울 경, 볼 시) 가볍게 보는 것. 輕減(가벼울 경, 덜 감) 덜어서 가볍게 하는 것.

世祿侈富(세록치부) : 충성스럽고 공이 많은 신하에게는 자손 대대로 녹봉을 내려 부유하게 살 수 있게 하였다.
車駕肥輕(거가비경) : 공신(功臣)들의 수레는 경쾌하고 수레에 멍에한 말은 살찐 것이다.

策功茂實하고 勒碑刻銘이라

공적을 기록하여 실적을 힘쓰게 하고, 비에 새기고 명문(銘文)으로 파 놓는다.

策	3급 竹 12획	策策策策策策策策策策策策
		策略(꾀 책, 간략할 략) 어떤 일을 처리하는 꾀와 방법. 對策(대할 대, 꾀 책) 어떤 일에 대처할 방책.
꾀 **책**	策	策 策

功	6급 力 5획	功功功功功
		功過(공 공, 지날 과) 공로와 과오. 功勞(공 공, 수고로울 로) 어떤 일에 힘쓴 노력이나 수고.
공 **공**	功	功 功

茂	3급 弋 5획	茂茂茂茂茂茂茂茂茂
		茂盛(무성할 무, 성할 성) 번성함. 茂林(무성할 무, 수풀 림) 나무가 우거진 숲.
무성할 **무**	茂	茂 茂

實	5급 宀 14획	實實實實實實實實實實實實實實
		實習(열매 실, 익힐 습) 실지 작업으로써 기술을 익히는 것. 實話(열매 실, 이야기 화) 실제로 있는 사실의 이야기.
열매 **실**	實	實 實

勒	1급 力 11획	勒勒勒勒勒勒勒勒勒勒勒
		勒銘(새길 늑, 새길 명) 금석(金石)에 문자를 새김. 勒奪(억지로 할 늑, 빼앗을 탈) 억지로 빼앗음.
새길 **늑(륵)**	勒	勒 勒

碑	4급 石 13획	碑碑碑碑碑碑碑碑碑碑碑碑碑
		碑銘(비석 비, 새길 명) 비석에 새긴 글. 碑閣(비석 비, 집 각) 안에 비를 세워 놓은 집.
비석 **비**	碑	碑 碑

刻	4급 刀 8획	刻刻刻刻刻刻刻刻
		刻印(새길 각, 도장 인) 도장을 새김. 刻薄(새길 각, 얇을 박) 세상 인심이 얇고 인색함.
새길 **각**	刻	刻 刻

銘	3급 金 14획	銘銘銘銘銘銘銘銘銘銘銘銘銘銘
		銘心(새길 명, 마음 심) 잊지 않도록 마음에 깊이 새김. 感銘(느낄 감, 새길 명) 느낀 바가 있어 마음에 새김.
새길 **명**	銘	銘 銘

策功茂實(책공무실) : 공신(功臣)에게는 그 공을 기려 부귀를 누리게 하여 다른 신하들도 공을 세우는 데 힘쓰게 했다.
勒碑刻銘(늑비각명) : 공신이 죽으면 그의 공을 기려 비(碑)에 공적을 새기고 명문(銘文)을 새긴다.

磻溪와 伊尹은 佐時하여 阿衡이며

반계(磻溪)와 이윤(伊尹)은 때를 도와 아형이 되었다.

磻 바위 **반**	2급 石 17획	磻 丆 石 石 石 石 石 石 石 碎 碎 碎 碎 磻 磻 磻 磻 磻溪叟(바위 반, 시내 계, 노인 수) 반계의 노인. 곧, 강태공. 磻石(바위 반, 돌 석) 바위. 큰 돌.
溪 시내 **계**	3급 水 13획	溪 溪 溪 溪 溪 溪 溪 溪 溪 溪 溪 溪 溪 溪川(시내 계, 내 천) 시내와 내. 溪谷(시내 계, 골 곡) 물이 흐르는 골짜기.
伊 저 **이**	2급 人 6획	丿 亻 伊 伊 伊 伊 伊時(저 이, 때 시) 그 때. 伊人(저 이, 사람 인) 저 사람, 이 사람.
尹 다스릴 **윤**	2급 尸 4획	尹 尹 尹 尹 尹司(다스릴 윤, 맡을 사) 벼슬아치. 府尹(부 부, 다스릴 윤) 부(府)의 우두머리.
佐 도울 **좌**	3급 人 7획	佐 佐 佐 佐 佐 佐 佐 保佐(보호할 보, 도울 좌) 보호하여 도움. 補佐(기울 보, 도울 좌) 상관을 도와 일을 처리하는 것.
時 때 **시**	7급 日 10획	丨 冂 冃 日 日 時 時 時 時 時 時間(때 시, 사이 간) ① 시각과 시각과의 사이. ② 시각. 四時(넉 사, 때 시) 사계절. 봄, 여름, 가을, 겨울.
阿 언덕 **아**	3급 阝 8획	阿 阝 阝 阿 阿 阿 阿 阿 阿附(아첨할 아, 붙을 부) 남의 비위를 맞추고 알랑거리는 것. 阿諂(아첨할 아, 아첨할 첨) 남에게 잘 보이려고 알랑거림.
衡 저울대 **형**	2급 行 16획	衡 衡 衡 衡 衡 衡 衡 衡 衡 衡 衡 衡 衡 衡 衡平(저울대 형, 평할 평) 균형이 잡혀 있는 일. 均衡(고를 균, 저울대 형) 기울거나 치우치지 않고 고른 상태.

磻溪伊尹(반계이윤) : 주나라 문왕(文王)은 강태공을 반계(磻溪)에서 맞이했고, 은나라 탕왕(湯王)은 이윤(伊尹)을 맞아 천하를 다스렸다.

佐時阿衡(좌시아형) : 은나라 재상 이윤은 탕왕(湯王)을 도와 하(夏)나라의 폭군 걸왕(桀王)을 몰아내고 세상을 평정하니, 탕왕이 그를 기려 아형(阿衡)이라 칭했다.

奄宅曲阜하니 微旦이면 孰營이리오

문득 곡부(曲阜)에 집을 지으니, 단(旦)이 아니면 누가 경영하였겠는가.

奄	1급 大 8획	奄大大夵夵夵夵奄
		奄奄(문득 엄, 문득 엄) 숨이 막 끊어지려는 상태. 奄忽(문득 엄, 갑자기 홀) 매우 갑작스럽게.
오랠 **엄**	奄	

宅	5급 宀 6획	宅宅宅宅宅宅
		宅地(집 택, 땅 지) 집터. 住宅(머무를 주, 집 택) 사람이 살 수 있도록 지은 집.
집 **택**	宅	

曲	5급 曰 6획	曲口白由曲曲
		曲線(굽을 곡, 실 선) 모나지 않고 연속적으로 굽은 선. 曲藝(굽을 곡, 재주 예) 보는 사람을 아슬아슬하게 하는 재주.
굽을 **곡**	曲	

阜	2급 阜 8획	阜阜阜阜阜阜阜阜阜
		阜陵(언덕 부, 언덕 릉) 언덕. 阜盛(성할 부, 성할 성) 번성하여 성함.
언덕 **부**	阜	

微	3급 彳 13획	微微微微微微微微微微微微微
		微妙(작을 미, 묘할 묘) 야릇하게 묘함. 微細(작을 미, 가늘 세) 아주 작고 세밀함.
작을 **미**	微	

旦	3급 日 5획	旦旦旦旦旦
		旦夕(아침 단, 저녁 석) 아침과 저녁. 元旦(으뜸 원, 아침 단) 설날 아침.
아침 **단**	旦	

孰	3급 子 11획	孰孰孰孰亨亨享享孰孰孰
		孰是孰非(누구 숙, 옳을 시, 누구 숙, 그를 비) 누가 옳고 누가 그른지 알 수가 없음.
누구 **숙**	孰	

營	4급 火 17획	營營營營營營營營營營營營營營營
		經營(글 경, 경영 영) 관리하고 운영하는 것. 營業(경영 영, 업 업) 이익을 얻기 위하여 사업을 경영하는 것.
경영 **영**	營	

奄宅曲阜(엄택곡부) : 어려서 임금이 된 성왕(成王)을 오랫동안 보필한 주공(周公)에게 성왕은 곡부(曲阜)에 큰 집을 하사하였다.
微旦孰營(미단숙영) : 주공이 아니면 누가 거대한 곡부의 집을 경영할 수 있겠는가. 곧, 주공의 업적을 치하한 말.

桓公은 匡合하야 濟弱扶傾하니라

환공(桓公)은 천하를 바로잡고 규합(糾合)하여,
약한 자를 구제하고 기우는 자를 붙들어 주었다.

桓	2급 木 10획	桓桓桓桓桓桓桓桓桓桓 桓桓(굳셀 환, 굳셀 환) 위풍이 당당한 모양. 盤桓(소반 반, 굳셀 환) 머뭇거리며 그 자리를 멀리 떠나지 않는 것.
굳셀 **환**	桓	桓 桓
公	6급 八 4획	公公公公 公開(공변될 공, 열 개) 여러 사람에게 널리 터놓는 것. 公言(공변될 공, 말씀 언) 공개적으로 말하는 것.
공변될 **공**	公	公 公
匡	1급 匚 6획	匡匡匡匡匡匡 匡矯(바를 광, 바로잡을 교) 바로잡음. 匡救(바를 광, 구할 구) 잘못을 바로잡고 도와 줌.
바를 **광**	匡	匡 匡
合	6급 口 6획	合合合合合合 合流(모을 합, 흐를 류) 한데 합하여 흐르는 것. 合理(모을 합, 이치 리) 이치에 합당함.
모을 **합**	合	合 合
濟	4급 水 17획	濟濟濟濟濟濟濟濟濟濟濟濟濟濟濟濟濟 濟世(건질 제, 세상 세) 세상을 구제함. 救濟(구할 구, 건질 제) 구원하여 건져줌.
건질 **제**	濟	濟 濟
弱	6급 弓 10획	弱弱弓弓弱弱弱弱弱弱 弱者(약할 약, 사람 자) 약한 사람. 强弱(강할 강, 약할 약) 강함과 약함.
약할 **약**	弱	弱 弱
扶	3급 手 7획	扶扶扶扶扶扶扶 扶養(붙들 부, 기를 양) 생활 능력이 없는 사람의 생활을 돌보는 것. 扶助(붙들 부, 도울 조) 잔칫집 등에 돈이나 물건을 보내 돕는 것.
붙들 **부**	扶	扶 扶
傾	4급 人 13획	傾傾傾傾傾傾傾傾傾傾傾傾傾 傾斜(기울 경, 비낄 사) 비탈지거나 기울어진 상태. 傾聽(기울 경, 들을 청) 귀를 기울이고 들음.
기울 **경**	傾	傾 傾

桓公匡合(환공광합) : 제나라의 환공(桓公)은 천하를 바로잡고 제후들을 규합하였다.
濟弱扶傾(제약부경) : 환공은 주(周)나라의 왕실이 미약할 때는 구제하고 위태로울 때는 붙들어 주었다.

綺는 回漢惠하고 說은 感武丁하니라

기리계(綺里季)는 한(漢)나라 혜제(惠帝)를 돌려 놓았고,
부열(傅說)은 무정(武丁)을 감동시켰다.

綺	1급 糸 14획	綺綺綺綺綺綺綺綺綺綺綺綺綺綺
		綺羅(비단 기, 비단 라) 무늬 있는 비단과 얇은 비단. 綺麗(비단 기, 고울 려) 아름다움.
비단 **기**	綺 綺 綺	

回	4급 口 6획	回口回回回回
		回顧(돌아올 회, 돌아볼 고) 지난 일을 돌이켜 생각함. 回歸(돌아올 회, 돌아올 귀) 다시 제자리에 돌아옴.
돌아올 **회**	回 回 回	

漢	7급 水 14획	漢漢漢漢漢漢漢漢漢漢漢漢漢
		漢字(한나라 한, 글자 자) 중국에서 만들어진 문자. 門外漢(문 문, 바깥 외, 놈 한) 그 일에 전문가가 아닌 사람.
한나라 **한**	漢 漢 漢	

惠	4급 心 12획	惠惠惠惠惠惠惠惠惠惠惠惠
		惠施(은혜 혜, 베풀 시) 은혜를 베푸는 것. 恩惠(은혜 은, 은혜 혜) 베풀어 주는 혜택.
은혜 **혜**	惠 惠 惠	

說	5급 言 14획	說說說說說說說說說說說說說說
		說樂(기쁠 열, 즐거울 락) 기쁘고 즐거움. 悅樂(열락). 說明(말씀 설, 밝을 명) 풀이하여 밝힘.
기쁠 **열**	說 說 說	

感	6급 心 13획	感感感感感感感感感感感感感
		感動(느낄 감, 움직일 동) 깊이 느끼어 마음이 움직임. 同感(한가지 동, 느낄 감) 같은 느낌. 남과 함께 느끼는 것.
느낄 **감**	感 感 感	

武	4급 止 8획	武武武武武武武武
		武器(호반 무, 그릇 기) 적을 공격하거나 방어하는 데 쓰는 모든 기구. 文武(글월 문, 호반 무) 학문적 지식과 군사상 책략.
호반 **무**	武 武 武	

丁	4급 一 2획	丁丁
		兵丁(군사 병, 장정 정) 병역에 종사하는 장정. 壯丁(장할 장, 장정 정) ① 혈기 왕성한 남자. ② 징병 적령자인 남자.
장정 **정**	丁 丁 丁	

綺回漢惠(기회한혜) : 상산(商山)에 살던 네 분 도사 중 한 사람인 기리계(綺里季)는 위험에 빠진 한나라 태자를 도와 제자리로 돌려 놓았다.
說感武丁(열감무정) : 무정(武丁)의 꿈에 하느님이 훌륭한 재상을 주겠다고 하여 마침내 부열(傅說)을 찾아 등용하여 나라가 중흥하였으니 이는 부열이 무정을 감동시킨 것이다.

俊乂는 密勿하여 多士로 寔寧이라

준수하고 뛰어난 사람들이 경륜을 치밀하게 하니,
많은 선비가 있어 나라가 편안하다.

俊	3급 人 9획	俊俊俊俊俊俊俊俊
		俊秀(준걸 준, 빼어날 수) 능력이 매우 뛰어남. 俊傑(준걸 준, 호걸 걸) 재주와 지혜가 뛰어남. 또는 그런 사람.
준걸 **준**	俊	
乂	무급 丿 2획	乂乂
		乂安(다스릴 예, 편안할 안) 잘 다스려져 태평함. 乂疾(다스릴 예, 질병 질) 병을 치료함.
재주 **예**	乂	
密	4급 宀 11획	密密密密宓宓宓宓宓密密
		密度(빽빽할 밀, 법 도) 일정한 면적 속의 빽빽한 정도. 密集(빽빽할 밀, 모일 집) 빽빽이 모임.
빽빽할 **밀**	密	
勿	3급 勹 4획	勿勹勹勿
		勿論(말 물, 의논할 론) 말할 것도 없음. 勿禁(말 물, 금할 금) 금한 일을 특별히 허락하여 주는 일.
말 **물**	勿	
多	6급 夕 6획	多夕夕夕多多
		多角(많을 다, 뿔 각) ① 모가 많음. ② 여러 방면. 過多(지날 과, 많을 다) 지나치게 많음.
많을 **다**	多	
士	5급 士 3획	士十士
		士氣(선비 사, 기운 기) 굳건하고 씩씩한 기세. 勇士(날랠 용, 선비 사) 용맹스러운 사람.
선비 **사**	士	
寔	무급 宀 12획	寔寔寔寔寔寔寔寔寔寔寔寔
		事寔(일 사, 이 식) 있는 그대로의 일. 行寔(행할 행, 이 식) 행실이 소박하고 두터움.
이 **식**	寔	
寧	3급 宀 14획	寧寧寧寧寧寧寧寧寧寧寧寧寧寧
		寧日(편안할 영, 날 일) 편안한 날. 安寧(편안할 안, 편안할 녕) 몸이 건강하고 마음이 편안함.
편안할 **녕**	寧	

俊乂密勿(준예밀물) : 뛰어난 인재들이 열심히 나랏일을 하였다.
多士寔寧(다사식녕) : 많은 인재들이 관직이 있으니 나라가 태평해졌다.

晉楚는 更霸하고 趙魏는 困橫이라

진(晉)나라와 초(楚)나라는 번갈아 패권(霸權)을 잡았고,
조(趙)나라와 위(魏)는 연횡책(連橫策) 탓에 곤궁해졌다.

晉	2급 日 10획	晉晉晉晉晉晉晉晉晉晉
		晉接(나아갈 진, 접할 접) 나아가 만나 봄. 西晉(서녘 서, 나라 이름 진) 사마염이 세운 나라의 이름.
나라 **진**	晉	
楚	2급 木 13획	楚十才村村杉楚楚楚楚楚楚楚
		苦楚(아들 고, 아플 초) 견디기 힘든 괴로움. 清楚(맑을 청, 고울 초) 깨끗하고 고움.
나라 **초**	楚	
更	4급 日 7획	更更更更更更更
		更新(다시 갱, 새 신) 고치어 새롭게 함. 更生(다시 갱, 날 생) 다시 살아나는 것.
다시 **갱**	更	
霸	2급 雨 21획	霸霸霸霸霸霸霸霸霸霸霸霸霸霸霸霸霸霸霸霸霸
		霸權(으뜸 패, 권세 권) 한 지방 또는 한 부류 중의 우두머리가 가진 권력. 制霸(누를 제, 으뜸 패) 패권을 잡음.
으뜸 **패**	霸	
趙	무급 走 14획	趙趙趙走走走走走趙趙趙趙趙趙
		趙客(나라 이름 조, 손 객) 협객(俠客). 趙行(빠를 조, 갈 행) 빨리 감.
나라 **조**	趙	
魏	2급 鬼 18획	魏魏魏魏魏委委委魏魏魏魏魏魏魏魏魏魏
		魏闕(나라 이름 위, 대궐 궐) 높고 큰 문. 대궐의 정문. 魏魏(높을 위, 높을 위) 높고 높은 모양.
나라 **위**	魏	
困	4급 口 7획	困困困困困困困
		困難(곤할 곤, 어려울 란) 몹시 딱하고 어려움. 貧困(가난할 빈, 곤할 곤) 가난해서 살림이 궁색함.
곤할 **곤**	困	
橫	3급 木 16획	橫橫橫橫橫橫橫橫橫橫橫橫橫橫橫橫
		橫斷(비낄 횡, 끊을 단) ① 가로 끊음. ② 가로 지나감. 橫暴(비낄 횡, 사나울 포) 제멋대로 굴며 난폭함.
비낄 **횡**	橫	

晉楚更霸(진초갱패) : 세월이 지나 제나라의 환공(桓公)이 죽자 진나라의 문공(文公)과 초나라의 장왕(莊王)이 차례로 패주(霸王)가 되었다.
趙魏困橫(조위곤횡) : 약소한 위나라와 조나라는 장의(張儀)의 연횡설(連橫說)을 따랐기 때문에 나라가 위태롭게 되었다.

假途滅虢하고 踐土會盟이라

길을 빌려 괵(虢)나라를 멸망시키고,
천토(踐土)에서 제후(諸侯)를 모아 맹세하게 하였다.

假	4급 人 11획	假 假 假 假 假 假 假 假 假 假											
		假飾(거짓 가, 꾸밀 식) 거짓으로 꾸밈. 假面(거짓 가, 얼굴 면) ① 탈. ② 거짓으로 꾸미는 행위나 태도.											
거짓 **가**	假	假 假											
途	3급 辶 11획	途 途 途 途 途 途 途 途 途 途 途											
		途上(길 도, 윗 상) ① 길 위. ② 일이 진행되는 과정이나 도중. 長途(긴 장, 길 도) ① 먼 길. ② 오랜 여행.											
길 **도**	途	途 途											
滅	3급 水 13획	滅 滅 滅 滅 滅 滅 滅 滅 滅 滅 滅 滅 滅											
		滅亡(멸할 멸, 망할 망) 망하여 없어짐. 滅裂(멸할 멸, 찢을 렬) 산산조각이 남.											
멸할 **멸**	滅	滅 滅											
虢	무급 虍 15획	虢 虢 虢 虢 虢 虢 虢 虢 虢 虢 虢 虢 虢 虢 虢											
		東虢(동녘 동, 나라 이름 괵) 주 무왕의 아우인 괵숙(虢叔)을 봉한 나라. 西虢(서녘 서, 나라 이름 괵) 주 문왕의 아우인 괵중(虢仲)을 봉한 나라.											
나라 **괵**	虢	虢 虢											
踐	3급 足 15획	踐 踐 踐 踐 踐 踐 踐 踐 踐 踐 踐 踐 踐 踐 踐											
		踐言(밟을 천, 말씀 언) 말을 실제로 실천함. 實踐(열매 실, 밟을 천) 실제로 행하는 것.											
밟을 **천**	踐	踐 踐											
土	8급 土 3획	土 十 土											
		土質(흙 토, 바탕 질) 흙의 성질. 土壤(흙 토, 곱다란흙 양) 식물에 영양을 공급하여 생장하게 하는 흙.											
흙 **토**	土	土 土											
會	6급 日 13획	會 會 會 會 會 會 會 會 會 會 會 會 會											
		會見(모일 회, 볼 견) 서로 모여서 봄. 會則(모일 회, 법 칙) 회의 규칙.											
모일 **회**	會	會 會											
盟	3급 皿 13획	盟 盟 盟 盟 盟 盟 盟 盟 盟 盟 盟 盟 盟											
		盟約(맹세 맹, 맺을 약) 맹세하여 맺은 굳은 약속. 盟友(맹세 맹, 벗 우) 서로 굳게 약속한 벗.											
맹세 **맹**	盟	盟 盟											

假途滅虢 (가도멸괵) : 진(晉)나라의 헌공(獻公)은 우(虞)나라의 길을 빌려 괵나라를 멸망시켰다.
踐土會盟(천토회맹) : 진나라 문공(文公)은 천토(踐土)에서 제후들을 모아 맹세하게 하였다.

何는 遵約法하고 韓은 弊煩刑이니라

소하(蕭何)는 요약한 법을 좇았고,
한비자(韓非子)는 번거로운 형벌에 피폐(疲弊)하였다.

한자	급수·부수·획수	필순 및 예
何	3급 / 人 / 7획	何何何何何何何 何時(어찌 하, 때 시) 어느 때. 如何(같을 여, 어찌 하) 어떠함.
어찌 **하**	何	何 何
遵	3급 / 辵 / 16획	遵遵遵遵遵遵遵遵遵遵尊尊遵遵遵遵 遵守(좇을 준, 지킬 수) 법령 등을 따라 지킴. 遵據(좇을 준, 응거할 거) 전례나 명령에 의거함.
좇을 **준**	遵	遵 遵
約	5급 / 糸 / 9획	約約約約約約約約約 約束(맺을 약, 묶을 속) 상대와 서로 의견을 맞추어 정함. 約定(맺을 약, 정할 정) 약속하여 정함.
맺을 **약**	約	約 約
法	5급 / 水 / 8획	法法法法法法法法 法度(법 법, 법 도) 생활에서 지켜야 할 여러 가지 법도. 法律(법 법, 법 률) 누구나 지켜야 할 나라의 규율.
법 **법**	法	法 法
韓	8급 / 韋 / 17획	韓韓韓韓韓韓韓韓韓韓韓韓韓韓韓韓韓 韓族(나라 한, 무리 족) 한반도 전역에 사는 민족. 韓紙(나라 한, 종이 지) 창호지 따위의 우리나라 종이.
나라 **한**	韓	韓 韓
弊	3급 / 廾 / 15획	弊弊弊弊弊弊弊弊弊弊弊弊弊弊弊 弊端(폐단 폐, 실마리 단) 옳지 못한 경향이나 해로운 현상. 弊害(폐단 폐, 해로울 해) 나쁘고 해로운 일.
폐단 **폐**	弊	弊 弊
煩	1급 / 火 / 13획	煩煩煩煩煩煩煩煩煩煩煩煩煩 煩惱(번거로울 번, 머릿골 뇌) 심신이 시달림을 받아 괴로움. 煩悶(번거로울 번, 민망할 민) 마음이 몹시 답답하여 괴로워함.
번거로울 **번**	煩	煩 煩
刑	4급 / 刀 / 6획	刑刑刑刑刑刑 刑罰(형벌 형, 벌 벌) 범죄자에게 주는 벌. 減刑(감할 감, 형벌 형) 확정된 형의 일부를 줄임.
형벌 **형**	刑	刑 刑

何遵約法(하준약법) : 소하(蕭何)는 한나라 고조가 세 가지로 간소화한 법을 따라 가감(加減)하여 실행하였다.
韓弊煩刑(한폐번형) : 한비자(韓非子)는 자신이 주장한 엄한 법률과 가혹한 형벌에 피해를 입었다.

起翦頗牧은 用軍最精이라

백기(白起)·왕전(王翦)·염파(廉頗)·이목(李牧)은
군사 부리기를 가장 정묘(精妙)하게 하였다.

起	4급 走 10획	起起起起起起起起起起 起居(일어날 기, 거할 거) ① 행동거지. ② 생활. 起立(일어날 기, 설 립) 자리에서 일어섬.								
일어날 **기**	起	起 起								
翦	무급 羽 15획	翦翦翦翦翦翦翦翦翦翦翦翦翦翦翦 翦斷(자를 전, 자를 단) 자름. 翦刀(자를 전, 칼 도) 가위.								
자를 **전**	翦	翦								
頗	3급 頁 14획	頗頗頗頗頗頗頗頗頗頗頗頗頗頗 頗多(자못 파, 많을 다) 매우 많음. 偏頗(치우칠 편, 치우칠 파) 한쪽으로 지나치게 치우침.								
자못 **파**	頗	頗 頗								
牧	4급 牛 8획	牧牧牧牧牧牧牧牧 牧場(칠 목, 마당 장) 시설을 갖추어 가축을 치는 곳. 牧畜(칠 목, 기를 축) 가축을 기름.								
칠 **목**	牧	牧 牧								
用	6급 用 5획	用用用用用 用務(쓸 용, 힘쓸 무) 볼 일. 適用(마침 적, 쓸 용) 무엇을 어디에 맞추어 쓰는 것.								
쓸 **용**	用	用 用								
軍	8급 車 9획	軍軍軍軍軍軍軍軍軍 軍隊(군사 군, 무리 대) 일정한 질서 아래 조직된 군인의 집단. 軍人(군사 군, 사람 인) 군대에 복무하는 사람.								
군사 **군**	軍	軍 軍								
最	5급 曰 12획	最最最最最最最最最最最最 最高(가장 최, 높을 고) 가장 높음. 가장 좋음. 最適(가장 최, 마침 적) 가장 적당하거나 적합한 것.								
가장 **최**	最	最 最								
精	4급 米 14획	精精精精精精精精精精精精精精 精密(정밀할 정, 빽빽할 밀) 세밀한 데까지 빈틈없이 정확함. 精算(정밀할 정, 수놓을 산) 정밀하게 계산함.								
정밀할 **정**	精	精 精								

 起翦頗牧(기전파목) : 한중(漢中)을 평정한 백기(白起), 초나라를 친 왕전(王翦), 제나라를 정벌한 염파(廉頗)와 이목(李牧)은
用軍最精(용군최정) : 군대를 쓰는 방법이 가장 뛰어났다.

宣威沙漠하고 馳譽丹靑하니라

사막(沙漠)에까지 위력(威力)을 떨치고, 단청(丹靑)으로 얼굴을 그려 명예를 드날렸다.

宣	4급 宀 9획	宣宣宣宣宣宣宣宣宣
		宣布(베풀 선, 베풀 포) 선언하여 공포함. 宣傳(베풀 선, 전할 전) 대중에게 널리 알림.
베풀 **선**	宣	
威	4급 女 9획	厂厂厂厂反反 威威威
		威脅(위엄 위, 으를 협) 위세를 부리며 으르고 협박함. 威力(위엄 위, 힘 력) 권위에 찬 힘.
위엄 **위**	威	
沙	3급 水 7획	沙沙沙沙沙沙沙
		沙漠(모래 사, 아득할 막) 생물이 자라지 않는 모래 벌판. 熱沙(더울 열, 모래 사) 햇볕으로 뜨거워진 모래.
모래 **사**	沙	
漠	3급 水 14획	漠漠漠漠漠漠漠漠漠漠漠漠漠漠
		漠然(아득할 막, 그럴 연) 아득한 모양. 荒漠(거칠 황, 아득할 막) 거칠고 아득하게 넓음.
아득할 **막**	漠	
馳	1급 馬 13획	馳馳馳馳馳馬馬馬馬馬馬馳馳馳
		背馳(등 배, 달릴 치) 서로 등지고 반대 방향으로 달림. 相馳(서로 상, 달릴 치) 서로 어긋남.
달릴 **치**	馳	
譽	3급 言 21획	譽譽譽譽譽譽譽譽譽與與與與與譽譽譽譽
		譽聞(기릴 예, 들을 문) 좋은 평판. 名譽(이름 명, 기릴 예) 세상에서 훌륭하다고 인정되는 평가.
기릴 **예**	譽	
丹	3급 丶 4획	丿刀刀丹
		丹心(붉을 단, 마음 심) 속에서 우러나는 참된 마음. 丹粧(붉을 단, 꾸밀 장) 얼굴 · 옷차림 따위를 아름답게 꾸밈.
붉을 **단**	丹	
靑	8급 靑 8획	靑靑靑靑靑靑靑靑
		靑綠(푸를 청, 푸를 록) 푸른빛과 초록빛. 靑春(푸를 청, 봄 춘) 스무 살 안팎의 젊은이.
푸를 **청**	靑	

宣威沙漠(선위사막) : 장수로서의 위엄이 멀리 사막에까지 퍼졌다.
馳譽丹靑(치예단청) : 공 있는 사람의 얼굴과 모양을 물감으로 그려 명예를 영원히 드날렸다.

九州는 禹跡이요 百郡은 秦幷이라

아홉 주(州)는 우(禹)임금의 자취요, 일백 군(郡)은 진(秦)나라 때 합병하였다.

九	8급 乙 2획	九九 九重(아홉 구, 무거울 중) ① 아홉 겹. ② 대궐. 九天(아홉 구, 하늘 천) 하늘의 가장 높은 곳.
아홉 **구**	九	
州	5급 巛 6획	州州州州州州 州郡(고을 주, 고을 군) 지방 행정 구역인 주와 군. 州縣(고을 주, 고을 현) 지방 행정 구역인 주와 현.
고을 **주**	州	
禹	2급 内 9획	禹禹禹禹禹禹禹禹禹 禹域(임금 우, 지경 역) 우임금의 땅. '중국'의 딴 이름. 帝禹(제왕 제, 임금 우) 우임금.
임금 **우**	禹	
跡	3급 足 13획	跡跡跡跡跡跡跡跡跡跡跡跡跡 追跡(쫓을 추, 자취 적) 뒤를 쫓는 일. 痕迹(흉터 흔, 자취 적) 뒤에 남은 자국이나 자취.
자취 **적**	跡	
百	7급 白 6획	百百百百百百 百姓(일백 백, 성 성) 일반 국민. 서민. 평민. 百官(일백 백, 벼슬 관) 모든 벼슬아치.
일백 **백**	百	
郡	6급 阝 10획	郡郡郡尹尹君君郡郡 郡民(고을 군, 백성 민) 군(郡)에 사는 주민. 市郡(시 시, 고을 군) 지방 행정 구역인 시와 군.
고을 **군**	郡	
秦	2급 禾 10획	秦秦秦秦秦秦秦秦秦秦 秦聲(나라 이름 진, 소리 성) 진나라의 음악. 先秦(먼저 선, 나라 이름 진) 진나라 시황제 이전의 시대.
나라 **진**	秦	
幷	7급 干 8획	幷幷幷幷幷幷幷幷 幷合(아우를 병, 합할 합) 둘 이상의 것을 하나로 합하는 것. 幷呑(아우를 병, 삼킬 탄) 아울러 삼킴.
아우를 **병**	幷	

九州禹跡(구주우적) : 우임금이 산(山)을 따라 나무를 베어 길을 통하게 구분한 9주는 바로 우임금의 발자취이다.
百郡秦幷(백군진병) : 봉건제(封建制)를 폐지하고 설치한 1백 개의 군은 진(秦)나라 때 시작되었다.

嶽은 宗恒岱하고 禪은 主云亭하니라

오악(五嶽)은 항산(恒山)과 대산(岱山)을 종주(宗主)로 하고,
봉선(封禪)은 운운산(云云山)과 정정산(亭亭山)에서 주로 한다.

嶽	무급 山 17획	嶽 嶽 嶽 嶽 嶽 嶽 嶽 嶽 嶽 嶽 嶽 嶽 嶽 嶽 嶽 嶽
		山嶽(메 산, 큰산 악) 높고 험준하게 솟은 산. 雪嶽(눈 설, 큰산 악) 설악산.
큰산 **악**	嶽	嶽 嶽

宗	4급 宀 8획	宗 宗 宗 宗 宗 宗 宗 宗
		宗家(마루 종, 집 가) 한 문중에서 맏이로만 이어진 큰 집. 宗族(마루 종, 겨레 족) 성(姓)과 본(本)이 같은 겨레붙이.
마루 **종**	宗	宗 宗

恒	3급 心 9획	恒 恒 恒 恒 恒 恒 恒 恒 恒
		恒久(항상 항, 오랠 구) 변하지 않고 오래 감. 恒常(항상 항, 항상 상) 언제나.
항상 **항**	恒	恒 恒

岱	2급 山 8획	岱 岱 岱 代 代 岱 岱 岱 岱
		岱山(메 대, 메 산) 태산(泰山)의 딴 이름. 岱華(메 대, 화려할 화) 태산과 화산(華山).
메 **대**	岱	岱 岱

禪	3급 示 17획	禪 禪 禪 禪 禪 禪 禪 禪 禪 禪 禪 禪 禪 禪 禪 禪
		參禪(참여할 참, 터닦을 선) 좌선(坐禪)하여 선을 닦는 것. 坐禪(자리 좌, 터닦을 선) 불교에서 고요히 앉아서 수행하는 방법.
터닦을 **선**	禪	禪 禪

主	7급 丶 5획	主 主 主 主 主
		主客(주장할 주, 손 객) 주인과 손님. 主食(주장할 주, 먹을 식) 주로 먹는 음식.
주장할 **주**	主	主 主

云	3급 二 4획	云 云 云 云
		云云(이를 운, 이를 운) 이러이러 함. 云謂(이를 운, 이를 위) 일러 말함.
이를 **운**	云	云 云

亭	3급 亠 9획	亭 亭 亭 亭 亭 亭 亭 亭 亭
		亭閣(정자 정, 집 각) 정자. 亭子(정자 정, 아들 자) 산수가 좋은 곳에 놀기 위하여 지은 집.
정자 **정**	亭	亭 亭

嶽宗恒岱(악종항대) : 태산·화산·형상·항산·숭산의 오악(五嶽)은 북쪽의 항산과 동쪽의 태산을 마루로 한다.
禪主云亭(선주운정) : 천자가 봉선(封禪)은 운운산과 정정산에서 주로 하였다.

雁門紫塞요 鷄田赤城이라

안문(雁門)과 자새(紫塞)요, 계전(鷄田)과 적성(赤城)이라.

雁	3급 隹 12획	丿 厂 厈 厈 厂 厈 厈 厈 厈 雁 雁 雁
		雁鴻(기러기 안, 큰기러기 홍) 기러기와 큰 기러기. 雁書(기러기 안, 글 서) 편지.
기러기 **안**	雁	

門	8급 門 8획	丨 冂 冂 冃 冃 門 門 門
		門前(문 문, 앞 전) 문 앞. 門下(문 문, 아래 하) ① 제자. ② 스승의 밑.
문 문	門	

紫	3급 糸 11획	紫 紫 紫 紫 紫 紫 紫 紫 紫 紫 紫
		紫色(자주색 자, 빛 색) 자줏빛. 紫錦(자주색 자, 비단 금) 자줏빛의 비단.
자주색 **자**	紫	

塞	3급 土 13획	塞 塞 塞 塞 宀 宀 宀 塞 塞 塞 塞 塞 塞
		塞翁之馬(변방 새, 늙은이 옹, 갈 지, 말 마) 인생의 길흉화복(吉凶禍福)은 변화가 많아 예측하기가 힘들다는 뜻의 고사성어.
변방 **새**	塞	

鷄	4급 鳥 21획	鷄 鷄 鷄 鷄 鷄 鷄 鷄 鷄 鷄 鷄 鷄 鷄 鷄 鷄 鷄 鷄 鷄 鷄
		鷄卵(닭 계, 알 란) 달걀. 養鷄(기를 양, 닭 계) 닭을 기르는 일.
닭 **계**	鷄	

田	4급 田 5획	丨 冂 日 田 田
		田畓(밭 전, 논 답) 밭과 논. 田園(밭 전, 동산 원) ① 논밭과 동산. ② 시골. 교외.
밭 **전**	田	

赤	5급 赤 7획	赤 赤 赤 赤 赤 赤 赤
		赤色(붉을 적, 빛깔 색) 붉은 색. 赤字(붉을 적, 글자 자) ① 붉은 글씨. ② 수입보다 지출이 많음.
붉을 **적**	赤	

城	4급 土 9획	城 城 城 城 城 城 城 城 城
		城壁(재 성, 벽 벽) 성의 벽. 城主(재 성, 주인 주) 성의 주인.
재 **성**	城	

雁門紫塞(안문자새) : 변방에는 봄에 기러기가 북으로 가는 안문과 흙이 붉은 자새라는 고을이 있다.
鷄田赤城(계전적성) : 옹주(雍州)에 있는 계전과 기주(冀州)에 있는 적성 고을이 있다.

昆池碣石과 鉅野洞庭이라

곤지(昆池)와 갈석(碣石)이요, 거야(鉅野)와 동정(洞庭)은,

昆	1급 日 8획	昆昆昆昆昆昆昆昆
		昆季(맏 곤, 끝 계) 맏형과 막내 아우. 즉 형제. 昆蟲(뭇 곤, 벌레 충) ① 많은 벌레. ② 곤충류에 딸린 동물의 총칭.
맏 곤	昆	
池	3급 水 6획	池池池池池池
		池閣(못 지, 집 각) 연못가에 있는 누각. 天池(하늘 천, 못 지) 백두산 정상에 있는 못.
못 지	池	
碣	무급 石 14획	碣碣碣碣碣碣碣碣碣碣碣碣碣碣
		碣石(돌 갈, 돌 석) 무덤 앞에 세우는 비석. 墓碣(무덤 묘, 돌 갈) 무덤 앞에 세우는 둥근 작은 비석.
돌 갈	碣	
石	6급 石 5획	石石石石石
		石像(돌 석, 형상 상) 돌로 만든 사람이나 동물의 형상. 石材(돌 석, 재료 재) 건축·조각 등에 재료로 쓰이는 돌.
돌 석	石	
鉅	무급 金 13획	鉅鉅鉅鉅鉅鉅鉅鉅鉅鉅鉅鉅鉅
		鉅萬(클 거, 일만 만) 만의 곱절, 아주 많음. 鉅鐵(클 거, 쇠 철) 강철.
클 거	鉅	
野	6급 里 11획	野野野野野野野野野野野
		野生(들 야, 날 생) 산이나 들에 저절로 나서 자람. 平野(평평할 평, 들 야) 평평하고 넓은 들.
들 야	野	
洞	7급 水 9획	洞洞洞洞洞洞洞洞洞
		洞口(고을 동, 입 구) 동네의 입구. 洞里(고을 동, 마을 리) 마을.
고을 동	洞	
庭	6급 广 10획	庭庭庭庭庭庭庭庭庭
		庭園(뜰 정, 동산 원) 뜰이나 집안에 만들어 놓은 동산. 家庭(집 가, 뜰 정) 한 가족을 단위로 하여 이루어진 생활 공동체.
뜰 정	庭	

昆池碣石 (곤지갈석) : 큰 못으로는 곤명지(昆明池)가, 큰 산으로는 갈석(碣石)이 있다.
鉅野洞庭 (거야동정) : 넓은 들로는 거야(鉅野)가, 호수로는 동정호가 있다.

曠遠綿邈하고 巖岫杳冥하니라

텅비고 아득히 멀고, 바위와 묏부리가 높이 솟고 물이 아득하게 깊다.

曠	1급 日 19획	曠野(빌 광, 들 야) 넓은 벌판. 曠日(빌 광, 날 일) 쓸데없이 나날을 보냄.
빌 **광**		
遠	6급 辵 14획	遠景(멀 원, 볼 경) 먼 경치. 永遠(길 영, 멀 원) 어떤 상태가 끝없이 이어짐.
멀 **원**		
綿	3급 糸 14획	綿密(솜 면, 빽빽할 밀) 자세하고 빈틈이 없음. 綿絲(솜 면, 실 사) 무명실.
솜 **면**		
邈	무급 辶 18획	邈邈(멀 막, 멀 막) ① 먼 모양. ② 근심하는 모양. 邈然(멀 막, 그러할 연) ① 아득히 먼 모양. ② 어렴풋한 모양.
멀 **막**		
巖	3급 山 23획	巖壁(바위 암, 벽 벽) 벽 모양으로 높이 솟은 바위. 巖石(바위 암, 돌 석) 지각을 구성하는 단단한 물질.
바위 **암**		
岫	무급 山 8획	岫居(살굴 수, 살 거) 산의 굴 속에서 삶. 岫雲(산굴 수, 구름 운) 산의 굴에서 일어나는 구름.
묏뿌리 **수**		
杳	1급 木 8획	杳冥(아득할 묘, 어두울 명) 그윽하고 어두움. 杳然(아득할 묘, 그러할 연) 아득하여 눈에 아물아물함.
아득할 **묘**		
冥	3급 一 10획	冥想(어두울 명, 생각할 상) 눈을 감고 조용히 생각함. 幽冥(그윽할 유, 어두울 명) 깊숙하고 어두움.
어두울 **명**		

曠遠綿邈(광원면막) : 앞에서 말한 산·벌판·호수 등이 아득히 멀리 줄지어 있다.
巖岫杳冥(암수묘명) : 큰 바위와 메뿌리가 우뚝 솟고 물이 아득하게 깊다.

治는 本於農하야 務玆稼穡이라

다스림은 농사를 밑바탕을 삼으니, 이 심고 거두는 일에 힘쓰게 하였다.

治	4급 水 8획	治治治治治治治治 治國(다스릴 치, 나라 국) 나라를 다스림. 政治(정치 정, 다스릴 치) 나라를 다스리는 일.
다스릴 **치**	治	治 治
本	6급 木 5획	本十才木本 本末(근본 본, 끝 말) 일의 처음과 끝. 本質(근본 본, 바탕 질) 본래부터 갖고 있는 사물의 성질.
근본 **본**	本	本 本
於	3급 方 8획	於於方方於於於於 於是乎(어조사 어, 이 시, 어조사 호) 이제야. 甚至於(심할 심, 이를 지, 어조사 어) 심하다 못해 나중에는.
어조사 **어**	於	於 於
農	7급 辰 13획	農農農農農農農農農農農農農 農村(농사 농, 마을 촌) 주민의 대부분이 농업에 종사하는 마을. 農耕(농사 농, 밭갈 경) 농사를 짓는 일.
농사 **농**	農	農 農
務	4급 力 11획	務務務予務務務務務務務 用務(쓸 용, 일 무) 볼일. 職務(맡을 직, 일 무) 맡아서 하는 일.
힘쓸 **무**	務	務 務
玆	3급 玄 10획	玆玆玆玆玆玆玆玆玆玆 今玆(이제 금, 이 자) 올해. 금년. 來玆(올 내, 이 자) 내년.
이 **자**	玆	玆 玆
稼	1급 禾 15획	稼稼稼稼稼稼稼稼稼稼稼稼稼稼稼 稼器(심을 가, 그릇 기) 농사 기구. 稼動(심을 가, 움직일 동) 사람이나 기계로 움직여 일함.
심을 **가**	稼	稼 稼
穡	무급 禾 18획	穡穡穡穡穡穡穡穡穡穡穡穡穡穡穡穡穡穡 穡夫(거둘 색, 지아비 부) 농부. 稼穡(거둘 가, 거둘 색) 농사를 지어 거두어 들임.
거둘 **색**	穡	穡 穡

治本於農(치본어농) : 정치는 농사를 근본으로 하였다.
務玆稼穡(무자가색) : 농사를 근본으로 삼았기 때문에 백성들이 농사철을 놓치지 않고 심고 거둘 수 있게 힘썼다.

俶載南畝하고 我藝黍稷하니라

비로소 남쪽 이랑에서 일을 하고, 우리의 기장과 피를 심었다.

俶	무급 人 10획	俶 亻 仂 仂 仿 仿 佅 佅 俶 俶 俶載(비로소 숙, 실을 재) 어떤 일을 처음 시작함. 俶皓(비로소 숙, 복 호) 비로소 하늘의 복을 받음.
비로소 **숙**	俶	
載	3급 車 13획	載 載 載 載 哉 志 吉 甫 車 車 載 載 載 搭載(막을 탑, 실을 재) 배·차량·비행기 등에 물건을 싣는 것. 記載(기록할 기, 실을 재) 문서 따위에 적어 넣는 것.
실을 **재**	載	
南	8급 十 9획	南 南 十 古 南 南 南 南 南 南極(남녘 남, 가운데 극) 남쪽의 끝. 南向(남녘 남, 향할 향) 남쪽으로 향하는 것.
남녘 **남**	南	
畝	1급 田 10획	畝 畝 畝 亠 市 南 亩 畝 畝 畝 畝丘(밭두둑 묘, 언덕 구) 밭두둑이 있는 언덕. 田畝(밭 전, 이랑 묘) 밭이랑.
이랑 **묘**	畝	
我	3급 戈 7획	我 我 我 我 我 我 我 我執(나 아, 잡을 집) 자기만을 내세움. 自我(스스로 자, 나 아) 나. 자기.
나 **아**	我	
藝	4급 艸 19획	藝 藝 藝 藝 藝 藝 藝 藝 藝 藝 藝 藝 藝 藝 藝 藝 藝 藝術(재주 예, 재주 술) 미를 창조하는 인간 활동 및 그 작품. 藝能(재주 예, 능할 능) 예술과 기능.
재주 **예**	藝	
黍	1급 禾 12획	黍 黍 禾 禾 黍 黍 黍 黍 黍 黍 黍 黍 黍稷(기장 서, 피 직) 기장과 피. 禾黍(벼 화, 기장 서) 벼와 기장.
기장 **서**	黍	
稷	2급 禾 15획	稷 稷 稷 稷 稷 稷 稷 稷 稷 稷 稷 稷 稷 稷 稷 稷神(피 직, 신령 신) 곡식을 맡은 신. 社稷(모일 사, 피 직) '나라' 또는 '조정'을 일컫는 말.
피 **직**	稷	

俶載南畝(숙재남묘) : 비로소 남쪽에 있는 밭에 나가 농사 일을 하였다.
我藝黍稷(아예서직) : 조상의 제사를 받들 수 있게 우리는 기장과 피를 심어 가꾸었다.

稅熟貢新하고 勸賞黜陟이라

익은 곡식으로 세금을 내고 햇것을 공물(貢物)로 바치며,
권하고 상 주며 내치기도 하고 올려 주기도 한다.

稅	4급 禾 12획	稅稅千禾禾稅秒秒秒秒秒稅	
		稅金(세금 세, 쇠 금) 조세(租稅)로 내는 돈. 納稅(바칠 납, 세금 세) 세금을 냄.	
세금 **세**	稅		
熟	3급 火 15획	熟熟亠亨亨亨亨享享剪孰孰孰孰熟熟	
		半熟(절반 반, 익힐 숙) 반쯤 익은 것. 熟成(익힐 숙, 이룰 성) 충분히 익숙해진 상태가 되는 것.	
익힐 **숙**	熟		
貢	3급 貝 10획	貢貢貢貢丐丐盲盲貢貢	
		貢獻(바칠 공, 드릴 헌) 이바지함. 貢物(바칠 공, 만물 물) 조정에 바치는 물건.	
바칠 **공**	貢		
新	6급 斤 13획	新新新新亠立辛辛新新新新新	
		新年(새 신, 해 년) 새해. 新設(새 신, 만들 설) 새로 만듦.	
새 **신**	新		
勸	4급 力 20획	勸勸勸勸勸勸勸勸蕺蕺蕺蕺藋藋藋藋藋勸勸	
		勸獎(권할 권, 권면할 장) 잘 하도록 권하여 장려함. 勸誘(권할 권, 꾀일 유) 권하거나 달램.	
권할 **권**	勸		
賞	4급 貝 11획	賞賞賞賞賞賞賞賞賞賞嘗嘗嘗賞賞	
		賞狀(상 상, 문서 장) 상을 나타내는 증서. 副賞(버금 부, 상 상) 정식 상 외에 따로 덧붙여 주는 상.	
상줄 **상**	賞		
黜	1급 黑 17획	黜黜黜黜黜黑黑黑黑黑黑黑黜黜黜黜	
		黜黨(내칠 출, 무리 당) 정당(政黨)에서 쫓아냄. 黜放(내칠 출, 놓을 방) 내쫓음.	
내칠 **출**	黜		
陟	2급 阝 10획	陟陟陟陟陟陟陟陟陟陟	
		陟降(오를 척, 내릴 강) 오름과 내림. 오르내림. 進陟(나아갈 진, 오를 척) 일이 잘 진행되어 감.	
오를 **척**	陟		

稅熟貢新(세숙공신) : 토지에서는 익은 곡식으로 세금을 내고 공물(貢物)은 새 것으로 바친다.
勸常黜陟(권상출척) : 농사가 끝나고 나면 열심히 한 자는 권하고 상을 주며, 게을리 한 자는 내쳐 경계하였다.

孟軻는 敦素하고 史魚는 秉直이라

맹자(孟子)는 바탕을 도탑게 하였고, 사어(史魚)는 올곧음을 굳게 지녔다.

孟	3급 子 8획	孟 子 子 子 舌 舌 孟 孟
		孟春(맏 맹, 봄 춘) ① 초봄. ② 음력 정월. 孟浪(맹랑할 맹, 맹랑할 랑) 생각한 것과 달리 허망함.
맏 맹	孟	
軻	2급 車 12획	軻 亩 軻 亩 車 車 車 軻 軻 軻 軻 軻
		轗軻(가기 힘들 감, 수레 가) 수레가 가기 힘들다는 뜻으로, 일이 뜻대로 진척되지 아니함의 비유.
수레 가	軻	
敦	3급 攵 12획	敦 敦 敦 敦 敦 敦 享 享 敦 敦 敦 敦
		敦篤(도타울 돈, 도타울 독) 인정이 두터움. 敦厚(도타울 돈, 두터울 후) 인정이 많음.
도타울 돈	敦	
素	4급 糸 10획	素 素 素 素 素 素 素 素 素 素
		素材(바탕 소, 재목 재) 근본이 되는 재료. 素質(바탕 소, 바탕 질) 본디부터 가지고 있는 성질.
흴 소	素	
史	5급 口 5획	史 史 史 史 史
		史家(역사 사, 집 가) 역사를 전문으로 연구하는 사람. 역사가. 歷史(지날 력, 역사 사) 인류사회의 변천과 흥망의 과정.
역사 사	史	
魚	5급 魚 11획	魚 魚 魚 魚 魚 魚 魚 魚 魚 魚 魚
		魚物(고기 어, 만물 물) ① 물고기. ② 가공하여 말린 해산물. 養魚(기를 양, 고기 어) 물고기를 기르는 일.
물고기 어	魚	
秉	2급 禾 8획	秉 秉 秉 秉 秉 秉 秉 秉
		秉權(잡을 병, 권세 권) 권력을 잡음. 秉燭(잡을 병, 촛불 촉) 촛불을 잡거나 켬.
잡을 병	秉	
直	7급 目 8획	直 直 直 直 直 直 直 直
		直角(곧을 직, 뿔 각) 두 직선이 만나서 이루는 90도의 각. 直行(바를 직, 갈 행) ① 바른 행동. ② 쉬지 않고 곧장 감.
곧을 직	直	

孟軻敦素(맹가돈소) : 맹자는 어머니에게 가르침을 받고 자사(子思)에게 배워 본바탕을 두텁게 하였다.
史魚秉直(사어병직) : 사어는 직간(直諫)을 잘 하였다.

庶幾中庸이면 勞謙謹勅하라

거의 중용(中庸)에 가까우려면, 부지런히 일하고 겸손하고 삼가고 신칙(申勅)해야 한다.

庶	3급 广 11획	庶庶庐庐庐庐庶庶庶庶庶
		庶務(여럿 서, 힘쓸 무) 일반적인 여러 가지 사무. 庶民(여럿 서, 백성 민) 일반 평민.
여럿 **서**	庶	

幾	3급 幺 12획	幾幾幾幾幾幾幾幾幾幾幾幾
		幾年(얼마 기, 해 년) 몇 해. 幾微(얼마 기, 작을 미) 일의 야릇한 기틀.
얼마 **기**	幾	

中	8급 丨 5획	中口口中
		中途(가운데 중, 길 도) 일이 되어가는 동안. 도중. 集中(모일 집, 가운데 중) 한 곳으로 모이거나 모이게 하는 것.
가운데 **중**	中	

庸	3급 广 11획	庸庸庐庐庐庐庐庸庸庸庸
		庸劣(떳떳할 용, 용렬할 렬) 어리석고 변변치 못함. 中庸(가운데 중, 떳떳할 용) 어느 쪽으로도 치우치지 않음.
떳떳할 **용**	庸	

勞	5급 力 12획	勞勞勞勞勞勞勞勞勞勞
		勞苦(수고할 노, 쓸 고) 애쓰고 고생함. 過勞(지날 과, 수고할 로) 몸이 고달플 정도로 지나치게 일하는 것.
수고할 **노(로)**	勞	

謙	3급 言 17획	謙謙謙謙謙謙謙謙謙謙謙謙謙
		謙遜(겸손할 겸, 공손 손) 남을 높이고 제 몸을 낮춤. 謙虛(겸손할 겸, 빌 허) 자기를 비우고 낮춤.
겸손할 **겸**	謙	

謹	3급 言 18획	謹謹謹謹謹謹謹謹謹謹謹謹謹謹謹
		謹愼(삼갈 근, 삼갈 신) 말과 행동을 삼가서 조심함. 謹嚴(삼갈 근, 엄할 엄) 신중하고 엄격함.
삼갈 **근**	謹	

勅	1급 力 9획	勅勅勅勅勅勅勅勅勅
		勅命(칙서 칙, 명령 명) 황제의 명령. 勅書(칙서 칙, 글 서) 황제의 명령을 적은 문서.
칙서 **칙**	勅	

聆音察理하고 鑑貌辨色하니라

소리를 듣고 이치를 살피며, 모습을 보고 기색(氣色)을 가리어 안다.

| 聆 | 1급
耳
11획 | 聆 「聆 「聆 ∫聆 ∮聆 聆 聆 聆 聆 聆 聆 |
| 聆聆(들을 영, 들을 령) 깨달아서 아는 모양.
聆風(들을 영, 바람 풍) 소문을 들음. |
| 들을 영(령) | 聆 | 聆 聆 |

| 音 | 6급
音
9획 | 音 音 音 音 音 音 音 音 音 |
| 音律(소리 음, 법률 률) 소리와 음악의 가락.
發音(필 발, 소리 음) 소리를 내는 것. |
| 소리 음 | 音 | 音 音 |

| 察 | 4급
宀
14획 | 察 察 察 察 察 察 察 察 察 察 察 察 察 察 |
| 觀察(볼 관, 살필 찰) 주의하여 자세히 살펴봄.
視察(볼 시, 살필 찰) 두루 보며 사정을 살핌. |
| 살필 찰 | 察 | 察 察 |

| 理 | 6급
王
11획 | 理 理 理 理 理 理 理 理 理 理 理 |
| 理念(이치 이, 생각할 념) 어떤 것을 이상적으로 여기는 생각이나 견해.
理由(이치 이, 말미암을 유) 까닭. |
| 이치 리 | 理 | 理 理 |

| 鑑 | 3급
金
22획 | 鑑 鑑 鑑 鑑 鑑 鑑 鑑 鑑 鑑 鑑 鑑 鑑 鑑 鑑 |
| 鑑別(거울 감, 다를 별) 감정하여 분별하여 냄.
鑑賞(거울 감, 상줄 상) 예술 작품을 음미함. |
| 거울 감 | 鑑 | 鑑 鑑 |

| 貌 | 3급
豸
14획 | 貌 貌 貌 貌 貌 貌 貌 貌 貌 貌 貌 貌 貌 貌 |
| 貌樣(모양 모, 모양 양) 됨됨이. 생김새.
美貌(아름다울 미, 모양 모) 아름다운 얼굴 모습. |
| 모양 모 | 貌 | 貌 貌 |

| 辨 | 4급
辛
16획 | 辨 辨 辨 辨 辨 辨 辛 辨 辨 辨 辨 辨 辨 辨 |
| 辨理(분별할 변, 이치 리) 일을 분별하여 처리함.
分辨(나눌 분, 분별할 변) 서로 구분을 지어 가르는 것. |
| 분별할 변 | 辨 | 辨 辨 |

| 色 | 7급
色
6획 | 色 色 色 色 色 色 |
| 色盲(빛 색, 어둘 맹) 색각 이상으로 색의 구별이 되지 않는 상태.
色素(빛 색, 흴 소) 색깔의 근원이 되는 물질. |
| 빛 색 | 色 | 色 色 |

聆音察理(영음찰리) : 지혜로운 사람은 소리를 들어보고 이치에 맞는지를 살핀다.
鑑貌辨色(감모변색) : 용모를 보고서 그 사람의 기색(起色)을 분별한다.

貽厥嘉猷하니 勉其祗植하라

그 아름다운 계책을 끼쳐 주니, 공경히 도(道)를 심기에 힘써라.

貽 끼칠 이	1급 貝 12획	丨 冂 冃 目 目 貝 貝 貼 貼 貼 貼 貼 貽訓(끼칠 이, 가르칠 훈) 자손을 위해 남긴 교훈. 貽謀(끼칠 이, 꾀 모) 자손을 위하여 남긴 꾀.
厥 그 궐	3급 厂 12획	厂 厂 厥 厥 厥 厥 厒 厥 厥 厥 厥 厥者(그 궐, 놈 자) 그 사람. 厥明(그 궐, 밝을 명) 내일.
嘉 아름다울 가	1급 口 14획	一 吉 吉 吉 吉 吉 壴 壴 嘉 壴 嘉 嘉 嘉 嘉 嘉名(아름다울 가, 이름 명) 좋은 이름. 嘉宴(아름다울 가, 잔치 연) 경사스러운 잔치.
猷 꾀 유	무급 犬 13획	猷 猷 猷 猷 酋 酋 酋 酋 酋 酋 猷 猷 猷 猷念(꾀 유, 생각할 념) 궁리함. 大猷(큰 대, 꾀 유) 큰 꾀.
勉 힘쓸 면	4급 力 9획	勉 勉 勉 免 免 免 免 免 勉 勉學(힘쓸 면, 배울 학) 학문에 힘씀. 勤勉(부지런할 근, 힘쓸 면) 부지런히 힘쓰는 것.
其 그 기	3급 八 8획	其 十 廿 甘 其 其 其 其 其實(그 기, 열매 실) 실제의 형편. 其間(그 기, 사이 간) 그 사이. 그동안.
祗 공경할 지	1급 示 10획	祗 祗 祗 祗 祗 祗 祗 祗 祗 祗 祗敬(공경할 지, 공경 경) 매우 공경하는 것. 祗服(공경할 지, 복종할 복) 삼가 명령에 복종함.
植 심을 식	7급 木 12획	植 植 植 植 植 植 植 植 植 植 植 植 植樹(심을 식, 나무 수) 나무를 심음. 移植(옮길 이, 심을 식) 옮겨 심음.

貽厥嘉猷(이궐가유) : 훌륭한 사람은 자손에게 아름다운 계책을 남겨 준다.
勉其祗植(면기지식) : 공경히 좋은 도(道)를 심어 놓는 데에 힘써야 한다.

省躬譏誡하고 寵增抗極하라

자기몸에 반성하여 살피고 경계하며,
은총(恩寵)이 더하면 극에 도달하였을까 염려해야 한다.

省	6급 目 9획	省省省省省省省省省											
		省察(살필 성, 살필 찰) 자기의 마음을 반성하여 살피는 것. 省墓(살필 성, 무덤 묘) 조상의 산소를 찾아 돌봄.											
살필 **성**	省	省	省										
躬	1급 身 10획	躬躬躬躬躬躬躬躬躬躬											
		躬率(몸 궁, 거느릴 솔) 몸소 이끎. 躬行(몸 궁, 갈 행) 몸소 행함. 실천함.											
몸 **궁**	躬	躬	躬										
譏	1급 言 19획	譏譏譏譏譏譏譏譏譏譏譏譏譏											
		譏謗(나무랄 기, 나무랄 방) 헐뜯음. 비방. 譏察(살필 기, 살필 찰) 살핌. 조사함.											
나무랄 **기**	譏	譏	譏										
誡	무급 言 14획	誡誡誡誡誡誡誡誡誡誡誡誡誡誡											
		誡命(경계할 계, 목숨 명) 도덕상, 종교상 지켜야 할 규율. 誡勉(경계할 계, 힘쓸 면) 훈계하고 격려함.											
경계할 **계**	誡	誡	誡										
寵	1급 宀 19획	寵寵寵寵寵寵寵寵寵寵寵寵寵寵											
		寵兒(사랑할 총, 아이 아) 많은 사람에게 특별한 사랑을 받는 사람. 寵愛(사랑할 총, 사랑 애) 남달리 여기어 특별히 사랑함.											
사랑할 **총**	寵	寵	寵										
增	4급 土 15획	增增增增增增增增增增增增增增增											
		增加(더할 증, 더할 가) 더 늘어서 많아지는 것. 增築(더할 증, 쌓을 축) 지어진 건물에 덧붙여 짓는 것.											
더할 **증**	增	增	增										
抗	4급 扌 7획	抗抗抗抗抗抗抗											
		抗拒(겨룰 항, 맞설 거) 막아내기 위하여 대항함. 抗辯(겨룰 항, 말잘할 변) 항거하여 변론함.											
겨룰 **항**	抗	抗	抗										
極	4급 木 13획	極極極極極極極極極極極極極											
		極限(극진할 극, 한정 한) 끝닿은 한계. 至極(이를 지, 극진할 극) 더없이 극진함.											
극진할 **극**	極	極	極										

省躬譏誡(성궁기계) : 신하는 스스로의 몸에 반성해서 살피고 경계한다.
寵增抗極(총증항극) : 임금의 총애가 더할수록 극에 도달하였을까 염려하여 더욱 조심하여야 한다.

殆辱近恥하니 林皐에 幸卽하라

위태로움과 욕을 당하여 부끄러움이 가까우니, 숲이 우거진 언덕으로 나아가야 한다.

殆	3급 歹 9획	殆 殆 殆 殆 殆 殆 殆 殆 殆 殆半(거의 태, 반 반) 거의 절반. 殆無(거의 태, 없을 무) 거의 없음.
위태 **태**	殆	殆 殆
辱	3급 辰 10획	丿 厂 厈 辰 辰 辰 辱 辱 辱說(욕할 욕, 말씀 설) 남을 저주하는 말. 명예를 더럽히는 말. 凌辱(업신여길 능, 욕할 욕) 업신여겨 욕보이는 것.
욕할 **욕**	辱	辱 辱
近	6급 辶 8획	近 近 近 近 近 近 近 近 近代(가까울 근, 대신 대) 얼마 지나지 않은 가까운 시대. 接近(접할 접, 가까울 근) 가까이 다가감.
가까울 **근**	近	近 近
恥	3급 耳 10획	恥 丁 耵 耵 耴 耶 耻 恥 恥 恥 恥辱(부끄러울 치, 욕할 욕) 부끄러움과 욕됨. 羞恥(부끄러울 수, 부끄러울 치) 부끄러움.
부끄러울 **치**	恥	恥 恥
林	7급 木 8획	林 林 林 林 林 朴 林 林 林野(수풀 임, 들 야) 나무가 무성한 들. 林業(수풀 임, 업 업) 산림을 경영하는 산업.
수풀 **임(림)**	林	林 林
皐	2급 白 11획	皐 皐 皐 皐 皐 皐 皐 皐 皐 皐 皐 皐鼓(언덕 고, 북 고) 큰 북. 皐復(언덕 고, 돌아올 복) 초혼하고 발상하는 의식.
언덕 **고**	皐	皐 皐
幸	6급 土 8획	幸 幸 幸 幸 幸 幸 幸 幸 幸福(다행 행, 복 복) 복된 좋은 운수. 幸運(다행 행, 운수 운) 좋은 운수. 행복한 운수.
다행 **행**	幸	幸 幸
卽	3급 卩 9획	卽 卽 卽 卽 卽 卽 卽 卽 卽 卽興(곧 즉, 일 흥) 바로 그 자리에서 일어나는 흥. 卽效(곧 즉, 본받을 효) 즉시 나타나는 효과.
곧 **즉**	卽	卽 卽

殆辱近恥(태욕근치) : 신하가 만족할 줄 몰라 위태로움과 욕된 일을 당하여 치욕이 가깝다.
林皐幸卽(임고행즉) : 만족할 줄 안다면 숲이 우거진 언덕으로 나아가서 살아야 한다.

兩疏는 見機하니 解組를 誰逼이리오

두 소씨(疏氏)는 기미(機微)를 알아 보았으니,
인끈을 풀고 물러감을 누가 다그칠 수 있겠는가.

兩	4급 入 8획	兩兩兩兩兩兩兩兩 兩家(두 양, 집 가) 양쪽 집안. 兩面(두 양, 낯 면) 사물의 두 면. 겉과 안.
두 **양**	兩	
疏	3급 足 12획	疏疏疏疏疏疏疏疏疏疏疏疏 疏忽(성길 소, 문득 홀) 데면데면하고 가벼움. 疏外(성길 소, 밖 외) 싫어하여 따돌리는 것.
성길 **소**	疏	
見	5급 見 7획	見見見見見見見 見聞(볼 견, 들을 문) 보고 들은 것. 見學(볼 견, 배울 학) 실제로 보고 배우는 것.
볼 **견**	見	
機	4급 木 16획	機機機機機機機機機機機機機機機機 機械(틀 기, 기계 계) 일정한 작업을 하는 장치. 機能(틀 기, 능할 능) 어떤 분야에서 하는 역할.
틀 **기**	機	
解	4급 角 13획	解解解解角角角角解解解解解 解析(풀 해, 쪼갤 석) 상세히 풀어서 이론적으로 연구함. 解決(풀 해, 결단할 결) 제기된 일을 해명 처리함.
풀 **해**	解	
組	4급 糸 11획	組組組組組糸組組組組組 組立(짤 조, 설 립) 짜 맞춤. 組織(짤 조, 짤 직) 체계 있는 집단을 짬.
짤 **조**	組	
誰	3급 言 15획	誰誰誰誰誰誰言言誹誰誰誰誰 誰某(누구 수, 아무 모) 아무개. 誰何(누구 수, 어찌 하) ① 누구. ② '누구냐'고 묻는 말.
누구 **수**	誰	
逼	1급 辶 13획	逼逼逼逼逼逼逼逼逼逼逼逼逼 逼迫(핍박할 핍, 핍박할 박) 바싹 죄어서 몹시 괴롭힘. 逼眞(핍박할 핍, 참 진) 실물과 매우 비슷함.
핍박할 **핍**	逼	

兩疏見機(양소견기) : 한나라의 소광과 소수는 조짐을 보고 미리 알았다.
解組誰逼(해조수핍) : 인끈을 풀고 사직하고 돌아가니 누가 핍박할 수 있으리오.

索居閒處하고 沈默寂寥라

한가롭게 거처하고 있으며, 침묵을 지키고 고요하게 산다.

索	3급 糸 10획	索索索索索索索索索索
		索引(찾을 색, 당길 인) 책의 내용을 찾아보기 쉽게 한 목록. 搜索(찾을 수, 찾을 색) 더듬어 찾는 것.
한가할 **삭** 찾을 **색**	索	索 索
居	4급 尸 8획	居尸居居居居居居
		居處(살 거, 곳 처) 살고 있는 곳. 居留(살 거, 머무를 류) 일시적으로 머물러 삶.
살 **거**	居	居 居
閒	4급 門 12획	閒閒閒閒閒門門門閒閒閒閒
		閒寂(한가할 한, 고요할 적) 한가하고 고요함. 閒職(한가할 한, 벼슬 직) 늘 한가한 직책.
한가할 **한**	閒	閒 閒
處	4급 虍 11획	處處處處虛虛處處處處處
		處所(곳 처, 바 소) 거처하는 곳. 居處(살 거, 곳 처) 살고 있는 장소.
곳 **처**	處	處 處
沈	3급 水 7획	沈沈沈沈沈沈沈
		沈沒(잠길 침, 빠질 몰) 물속에 가라앉는 것. 沈着(잠길 침, 입을 착) 행동이 들뜨지 않고 찬찬함.
잠길 **침**	沈	沈 沈
默	3급 黑 16획	默默默默默默默默默黑黑默默默
		默念(잠잠할 묵, 생각 념) 말없이 가만히 생각함. 默過(잠잠할 묵, 지날 과) 잘못을 알고도 모르는 체하고 넘김.
잠잠할 **묵**	默	默 默
寂	3급 宀 11획	寂寂寂寂寂寂寂寂寂寂寂
		寂寞(고요할 적, 정막할 막) 고요하고 쓸쓸한 것. 鬱寂(울창할 울, 고요할 적) 불평불만이 발산되지 않고 겹쳐 쌓임.
고요할 **적**	寂	寂 寂
寥	1급 宀 14획	寥寥寥寥寥寥寥寥寥寥寥寥寥寥
		寥寥(쓸쓸할 요, 쓸쓸할 료) 고요함. 寂寥(고요할 적, 쓸쓸할 료) 고요하고 쓸쓸함.
쓸쓸할 **료**	寥	寥 寥

索居閒處(삭거한처) : 벼슬을 그만두고 한가한 곳을 찾아 거처하고 있다.
沈默寂寥(침묵적료) : 세상 일에 관여하지 않고 침묵을 지키면서 고요하게 산다.

求古尋論하고 散慮逍遙하니라

옛것을 구하여 찾고 의논하며, 잡된 생각을 흩어 버리고 한가로이 노닌다.

求	4급 水 7획	求 丁 寸 才 求 求 求
		求職(구할 구, 벼슬 직) 일자리를 구하는 것. 求命(구할 구, 목숨 명) 생명을 구함.
구할 **구**	求	

古	6급 口 5획	古 古 古 古 古
		古都(옛 고, 도읍 도) 오래된 도시. 太古(클 태, 옛 고) 아주 오랜 옛날.
옛 **고**	古	

尋	3급 寸 12획	尋 尋 尋 尋 尋 尋 尋 尋 尋 尋 尋 尋
		尋訪(찾을 심, 찾을 방) 방문하여 찾아봄. 尋人(찾을 심, 사람 인) 사람을 찾음.
찾을 **심**	尋	

論	4급 言 15획	論 論 論 論 論 論 論 論 論 論 論 論 論 論 論
		論說(의논할 논, 말씀 설) 사물을 평론하고 설명함. 또는 그 글. 論評(의논할 논, 평할 평) 논하면서 비평함.
의논할 **론**	論	

散	4급 攴 12획	散 散 散 散 散 散 散 散 散 散 散 散
		散發(흩어질 산, 필 발) 때때로 일어나는 것. 散文(흩어질 산, 글월 문) 자유로운 형식으로 쓴 글.
흩어질 **산**	散	

慮	4급 心 15획	慮 慮 慮 慮 慮 慮 慮 慮 慮 慮 慮 慮 慮 慮 慮
		思慮(생각 사, 생각할 려) 일에 대하여 주의 깊게 생각하는 것. 心慮(마음 심, 생각할 려) 깊이 생각하는 일.
생각할 **려**	慮	

逍	1급 辶 11획	逍 逍 逍 逍 逍 逍 逍 逍 逍 逍 逍
		逍遙(노닐 소, 멀 요) 자유롭게 이리저리 돌아다님. 逍風(노닐 소, 바람 풍) 갑갑한 마음을 풀기 위하여 바람을 쐼.
노닐 **소**	逍	

遙	3급 辶 14획	遙 遙 遙 遙 遙 遙 遙 遙 遙 遙 遙 遙 遙 遙
		遙望(멀 요, 바랄 망) 멀리 바라봄. 遙遠(멀 요, 멀 원) 아득히 멂.
멀 **요**	遙	

求古尋論(구고심론) : 한가롭게 거처하면서도 옛것에서 진리를 구하여 찾고 토론한다.
散慮逍遙(산려소요) : 세상 일에 얽매이는 잡된 생각은 흩어 버리고 한가롭게 유유자적(悠悠自適)한다.

欣奏累遣하고 感謝歡招하니라

기쁜 일은 아뢰고 나쁜 일을 보내면, 슬픔은 사라지고 기쁨이 온다.

欣	1급 欠 8획	欣欣欣欣欣欣欣欣
		欣賞(기쁠 흔, 상줄 상) 기뻐하고 칭찬함. 欣快(기쁠 흔, 쾌할 쾌) 기쁘고 유쾌함.
기쁠 **흔**	欣	

奏	3급 大 9획	奏奏奏奏奏奏奏奏奏
		奏樂(아뢸 주, 풍류 악) 음악을 연주함. 奏效(아뢸 주, 본받을 효) 효력을 나타냄.
아뢸 **주**	奏	

累	3급 糸 11획	累累累累累累累累累累累
		累進(여러 누, 나갈 진) 차례로 오름. 累計(여러 누, 셈할 계) 소계를 계속하여 덧붙여 더하는 것.
여러 **누**	累	

遣	3급 辶 14획	遣遣遣遣遣遣遣遣遣遣遣遣遣遣
		遣歸(보낼 견, 돌아갈 귀) 돌려 보냄. 派遣(보낼 파, 보낼 견) 일정한 임무를 주어서 사람을 내보내는 것.
보낼 **견**	遣	

感	무급 心 15획	感感感感感感感感感感感感感感感
		感感(슬플 척, 슬플 척) 걱정하는 모양. 愁感(근심 수, 슬플 척) 근심하여 슬퍼함.
슬플 **척**	感	

謝	4급 言 17획	謝謝謝謝謝謝謝謝謝謝謝謝謝
		謝恩(사례할 사, 은혜 은) 받은 은혜에 대해 고마운 뜻을 보임. 謝意(사례할 사, 뜻 의) 감사히 여기는 뜻.
사례할 **사**	謝	

歡	4급 欠 22획	歡歡歡歡歡歡歡歡歡歡歡歡歡歡
		歡迎(기쁠 환, 맞을 영) 기쁜 마음으로 맞는 것. 歡送(기쁠 환, 보낼 송) 좋은 일로 가는 사람을 기쁘게 보내는 것.
기쁠 **환**	歡	

招	4급 手 8획	招招招招招招招招
		招待(부를 초, 모실 대) 손님을 불러서 대접함. 招來(부를 초, 올 래) 어떤 결과를 가져오게 함.
부를 **초**	招	

欣奏累遣(흔주누견) : 한가롭게 살며 잡된 생각을 흩어버리면 기쁘고 즐거운 일은 모여들고, 번거롭고 귀찮은 일들을 보내버릴 수 있다.
感謝歡招(척사환초) : 이러면 슬픔은 사라지고 기쁨은 찾아온다.

渠荷는 的歷하고 園莽은 抽條니라

도랑의 연꽃은 환하게 곱고, 동산의 풀은 가지가 뻗어 우거진다.

渠 개천 **거**	1급 水 12획	渠渠渠渠渠渠渠渠渠渠渠 渠水(개천 거, 물 수) 땅을 파서 물이 흐르게 한 통로. 渠帥(우두머리 거, 장수 수) 악당의 우두머리.
荷 연꽃 **하**	3급 艸 11획	荷荷荷荷荷荷荷荷荷荷荷 荷物(짐 하, 만물 물) 자동차 · 배 등으로 실어 나르는 짐. 荷役(짐 하, 부릴 역) 짐을 싣고 내리고 하는 일.
的 밝을 **적**	5급 白 8획	的的的的的的的的 的確(밝을 적, 확실할 확) 의심할 나위 없이 확실함. 的中(밝을 적, 가운데 중) 딱 들어맞음.
歷 지날 **력**	5급 止 16획	歷歷歷歷歷歷歷歷歷歷歷歷歷歷歷 歷代(지날 역, 대신 대) 이어 내려온 여러 대. 歷任(지날 역, 믿을 임) 여러 벼슬을 차례로 거쳐 지내는 것.
園 동산 **원**	4급 口 13획	園園園園園園園園園園園 園藝(동산 원, 재주 예) 채소 · 화초 · 과목 등을 심어 가꾸는 일. 公園(공변될 공, 동산 원) 공공의 휴식을 위한 정원, 동산.
莽 풀 **망**	무급 艸 12획	莽莽莽莽莽莽莽莽莽莽莽 莽莽(우거질 망, 우거질 망) 풀이 우거진 모양. 草莽(풀 초, 풀 망) 풀의 떨기. 풀숲.
抽 뺄 **추**	3급 手 8획	抽抽抽抽抽抽抽抽 抽籤(뺄 추, 제비 첨) 제비를 뽑음. 제비뽑기. 抽出(뽑을 추, 날 출) 고체 · 액체 등에서 어떤 물질을 뽑아 냄.
條 가지 **조**	4급 木 11획	條條條條條條條條條條 條件(가지 조, 사건 건) 어떤 일에 필요한 요소. 條目(가지 조, 눈 목) 낱낱의 조나 항목.

渠荷的歷(거하적력) : 개천에 연꽃이 만발하여 환하게 아름답다.
園莽抽條(원망추조) : 동산의 풀들은 무성하여 가지들이 뻗어 있다.

枇杷는 晚翠하고 梧桐은 早凋라

비파나무는 늦게까지 푸르고, 오동잎은 일찍 시든다.

枇	무급 木 8획	枇十朾朾朾朾枇枇								
		枇杷(비파나무 비, 비파나무 파) 비파나무. 또는 그 열매. 枇沐(참빗 비, 목욕할 목) 빗질하고 머리 감음.								
나무 **비**	枇									
杷	무급 木 8획	杷十才才朾朾朾杷								
		杷土(써래 파, 흙 토) 땅을 평평하게 고름. 枇杷(비파나무 비, 비파나무 파) 비파나무. 또는 그 열매.								
나무 **파**	杷									
晚	3급 日 11획	晚刀刀日日昤昤昤晚晚晚晚晚								
		晚秋(늦을 만, 가을 추) 늦은 가을. 晚年(늦을 만, 해 년) 나이가 늙어 가는 시기.								
늦을 **만**	晚									
翠	1급 羽 14획	翠翠翠翠翠翠翠翠翠翠翠翠翠翠								
		翠玉(푸를 취, 구슬 옥) 푸른 옥. 翠影(푸를 취, 그림자 영) 파란 초목의 그림자.								
푸를 **취**	翠									
梧	2급 木 11획	梧十梧梧梧梧梧梧梧梧梧								
		梧桐(오동 오, 오동 동) 오동나무. 枝梧(지탱할 지, 버틸 오) 버팀.								
오동 **오**	梧									
桐	2급 木 10획	桐十才朾朾朾桐桐桐桐								
		桐君(오동나무 동, 군자 군) 거문고의 딴 이름. 桐梓(오동나무 동, 가래나무 재) 오동나무와 가래나무. 곧, 좋은 재목.								
오동 **동**	桐									
早	4급 日 6획	早口早早早早								
		早朝(이를 조, 아침 조) 이른 아침. 早晚(이를 조, 늦을 만) 이름과 늦음.								
이를 **조**	早									
凋	1급 冫 10획	凋凋凋凋凋凋凋凋凋凋								
		凋枯(시들 조, 마를 고) 시들어 말라버림. 凋落(시들 조, 떨어질 락) 초목의 잎이 시들어 떨어지는 것.								
시들 **조**	凋									

枇杷晚翠(비파만취) : 비파나무는 계절이 늦도록 푸르르다.
梧桐早凋(오동조조) : 오동나무는 그 잎이 일찍 시들어 말라 떨어진다.

陳根은 委翳하고 落葉은 飄颻라

묵은 뿌리들은 땅에 쌓이고 덮이며, 떨어지는 잎들은 바람에 나부낀다.

陳	4급 阝 11획	陳陳陳陳陳陳陳陳陳陳陳 陳腐(묵을 진, 썩을 부) 케케묵고 낡음. 陳謝(늘어놓을 진, 끊을 사) 사과의 말을 함.
묵을 **진**	陳	
根	6급 木 10획	根根根根根根根根根根 根幹(뿌리 근, 줄기 간) 뿌리와 줄기. 곧, 중요한 기본. 根據(뿌리 근, 의거할 거) 근본이 되는 거점.
뿌리 **근**	根	
委	4급 女 8획	委委委委委委委委 委託(맡길 위, 부탁할 탁) 부탁하여 책임을 맡김. 委任(맡길 위, 맡을 임) 일처리를 다른 사람에게 맡김.
맡길 **위**	委	
翳	무급 羽 17획	翳翳翳翳翳翳翳翳翳翳翳翳翳翳翳翳翳 翳昧(가릴 예, 어두울 매) 가리워서 어두움. 翳翳(가릴 예, 가릴 예) 해가 저물어 어둑어둑한 모양.
가릴 **예**	翳	
落	5급 艸 13획	落落落落落落落落落落落落落 落雷(떨어질 낙, 우뢰 뢰) 벼락이 떨어지는 것. 墜落(떨어질 추, 떨어질 락) 높은 곳에서 떨어지는 것.
떨어질 **낙(락)**	落	
葉	5급 艸 13획	葉葉葉葉葉葉葉葉葉葉葉葉葉 葉書(잎사귀 엽, 글 서) 우편엽서. 枝葉(가지 지, 잎 엽) ① 가지와 잎. ② 부차적인 부분.
잎사귀 **엽**	葉	
飄	1급 風 20획	飄飄飄飄飄飄飄飄飄飄飄飄飄飄 飄泊(날릴 표, 쉴 박) 고향을 떠나 정처 없이 떠돌아 다님. 飄風(날릴 표, 바람 풍) ① 회오리 바람. ② 바람에 나부낌.
날릴 **표**	飄	
颻	무급 風 20획	颻颻颻颻颻颻颻颻颻颻颻颻颻颻 颻颺(흩날릴 요, 흩날릴 양) ① 바람에 흔들림. ② 가볍게 날아오르는 모양. 颻颻(날릴 요, 날릴 요) 날리는 모양.
날릴 **요**	颻	

陳根委翳 (진근위예) : 겨울이 되면 나무의 묵은 뿌리가 땅에 쌓이고 덮인다.

落葉飄颻 (낙엽표요) : 가을이 되어 서리를 맞으면 떨어진 나뭇잎은 낙엽이 되어 이리저리 나부낀다.

遊鯤은 獨運하여 凌摩絳霄하나니라

노니는 곤어(鯤魚)는 홀로 바다에서 요동치며 살다가
붕새가 되어 붉은 하늘을 능멸하고 만진다.

遊	4급 辶 13획	遊 遊 氵 斿 方 方 斿 斿 游 游 游 遊 遊
		遊覽(놀 유, 볼 람) 돌아다니며 구경함. 外遊(밖 외, 놀 유) 외국에 여행함.
놀 **유**	遊	
鯤	무급 魚 19획	鯤 鯤 ク 台 台 角 角 魚 魚 魚 魚 鯤 鯤 鯤 鯤 鯤 鯤 鯤 鯤 鯤
		鯤鮞(곤이 곤, 곤이 이) 물고기의 새끼. 鯤化(곤이 곤, 될 화) 곤이가 변하여 붕새가 됨.
큰물고기 **곤**	鯤	
獨	5급 犭 16획	獨 獨 獨 獨 獨 獨 獨 獨 獨 獨 獨 獨 獨
		獨創(홀로 독, 비롯할 창) 독자적으로 창조함. 獨裁(홀로 독, 마름질할 재) 홀로 모든 것을 판단하고 처리함.
홀로 **독**	獨	
運	6급 辶 13획	運 運 運 運 扂 戶 軍 軍 軍 運 運 運 運
		運輸(움직일 운, 실어낼 수) 화물, 여객 등을 실어 나름. 運動(움직일 운, 움직일 동) ① 물체가 움직이는 것. ② 체조나 체육.
움직일 **운**	運	
凌	1급 冫 10획	凌 凌 凌 凌 凌 凌 凌 凌 凌 凌
		凌辱(업신여길 능, 욕될 욕) 업신여겨 욕보이는 것. 凌蔑(업신여길 능, 없을 멸) 업신여겨 깔보는 것.
업신여길 **능(릉)**	凌	
摩	2급 手 15획	摩 摩 摩 广 庐 庐 庐 麻 麻 摩 摩 摩 摩 摩
		摩擦(만질 마, 문지를 찰) 서로 비비는 것. 撫摩(어루만질 무, 만질 마) 어루만져 위로함.
만질 **마**	摩	
絳	무급 糸 12획	絳 絳 絳 絳 絳 絳 絳 絳 絳 絳 絳 絳
		絳羅(붉을 강, 벌릴 라) 진홍색의 얇고 고운 명주. 絳英(붉을 강, 꽃부리 영) 붉은 꽃부리.
붉을 **강**	絳	
霄	1급 雨 15획	霄 霄 霄 霄 霄 霄 霄 霄 霄 霄 霄 霄 霄 霄
		霄壤(하늘 소, 땅 양) 하늘과 땅. 雲霄(구름 강, 하늘 소) ① 하늘. ② 높은 지위.
하늘 **소**	霄	

遊鯤獨運(유곤독운) : 놀 때에 곤어는 홀로 푸른 바다에서 움직인다.
凌摩絳霄 (능마강소) : 곤어가 변하여 새가 된 붕새는 붉은 하늘을 능멸하고 만진다.

耽讀翫市하니 寓目囊箱이라

글 읽기를 즐겨 저잣거리 책방에서 책을 보니,
눈길을 붙이기만 하면 그대로 주머니와 상자 속에 책을 담아둔 것 같았다.

한자	급수	예시
耽	2급 耳 10획	耽耽耽耽耽耽耽耽耽耽 耽溺(즐길 탐, 빠질 닉) 어떤 일을 몹시 즐겨 거기에 빠짐. 耽讀(즐길 탐, 읽을 독) 다른 것을 잊을 만큼 독서에 열중함.
즐길 **탐**	耽 耽 耽	
讀	6급 言 22획	讀讀讀讀讀讀讀讀讀讀讀讀讀讀 讀書(읽을 독, 책 서) 책을 읽는 것. 速讀(빠를 속, 읽을 독) 책 따위를 빨리 읽는 것.
읽을 **독**	讀 讀 讀	
翫	무급 羽 15획	翫翫翫翫翫翫翫翫翫翫翫翫翫翫 翫味(구경할 완, 맛 미) 시나 글을 감상하여 음미함. 翫賞(구경할 완, 감상할 상) 즐겨 구경함.
구경할 **완**	翫 翫 翫	
市	7급 巾 5획	市市市市市 市場(시장 시, 마당 장) 상품의 판매가 이루어지는 특정 장소. 市廳(시장 시, 관청 청) 시의 행정 사무를 맡아보는 곳.
시장 **시**	市 市 市	
寓	1급 宀 12획	寓寓寓寓寓寓寓寓寓寓寓寓 寓居(붙일 우, 살 거) 정착하지 아니하고 임시로 거주함. 寓話(붙일 우, 이야기 화) 풍자와 교훈의 뜻을 나타내는 이야기.
붙일 **우**	寓 寓 寓	
目	6급 目 5획	目目目目目 目的(눈 목, 밝을 적) 실현하려고 지향하는 일이나 곳. 目前(눈 목, 앞 전) 눈 앞. 바로 앞을 말함.
눈 **목**	目 目 目	
囊	1급 口 22획	囊囊囊囊囊囊囊囊囊囊囊囊囊囊 囊中(주머니 낭, 가운데 중) 주머니의 속. 背囊(등 배, 주머니 낭) 물건을 담아서 등에 질 수 있도록 만든 주머니.
주머니 **낭**	囊 囊 囊	
箱	2급 竹 15획	箱箱箱箱箱箱箱箱箱箱箱箱箱箱 箱子(상자 상, 아들 자) 물건을 넣어두기 위하여 만든 그릇. 書箱(글 서, 상자 상) 책을 넣어 두는 상자.
상자 **상**	箱 箱 箱	

耽讀翫市(탐독완시) : 왕충(王充)은 글 읽기를 즐겼으나 가난하여 책을 살 수 없었으므로, 낙양(洛陽)의 시장에 있는 책가게에서 읽고 싶은 책을 읽었다.
寓目囊箱(우목낭상) : 그는 영리하여 눈으로 한 번만 읽어도 그 내용을 주머니나 상자 속에 넣어둔 것처럼 잊지 않았다.

易輶는 攸畏니 屬耳垣墙이니라

말을 쉽고 가볍게 하는 것은 두려워해야 할 바이니,
귀가 담장에 붙어 있기 때문이다.

易	4급 日 8획	易 易 易 易 易 易 易 易 簡易(간략할 간, 쉬울 이) 간단하고 쉬움. 交易(서로 교, 바꿀 역) 서로 물건을 사고팔아 바꿈.							
쉬울 **이**	易	易 易							
輶	무급 車 16획	輶 輶 輶 輶 車 車 車 車 車 輶 輶 車 輶 輶 輶 輶車(가벼울 유, 수레 거) 사신(使臣)이 타던 가벼운 수레. 輶德(가벼울 유, 덕 덕) 쉽게 할 수 있는 덕행.							
가벼울 **유**	輶	輶 輶							
攸	무급 攴 7획	攸 攸 攸 攸 攸 攸 攸 攸然(바 유, 그럴 연) 느긋하고 침착한 모습. 攸乎(바 유, 어조사 호) ① 걱정스러운 모양. ② 위태로운 모양.							
바 **유**	攸	攸 攸							
畏	3급 田 9획	畏 畏 畏 畏 畏 畏 畏 畏 畏 畏敬(두려울 외, 공경할 경) 두려워하며 공경함. 畏友(두려울 외, 벗 우) 아끼고 존경하는 벗.							
두려울 **외**	畏	畏 畏							
屬	4급 尸 21획	屬 屬 屬 屬 屬 屬 屬 屬 屬 屬 屬 屬 屬 屬 金屬(쇠 금, 붙일 속) 쇠붙이. 所屬(바 소, 붙을 속) 딸려 있는 곳.							
붙일 **속**	屬	屬 屬							
耳	5급 耳 6획	耳 耳 耳 耳 耳 耳 耳目(귀 이, 눈 목) ① 귀와 눈. ② 남들의 주의. 耳順(귀 이, 순할 순) 나이 예순을 일컫는 말.							
귀 **이**	耳	耳 耳							
垣	무급 土 9획	垣 垣 垣 垣 垣 垣 垣 垣 垣有耳(담 원, 있을 유, 귀 이) 담에 귀가 있다는 뜻으로, 비밀히 한 이야기라도 새어 나가기 쉬움을 이르는 말.							
담 **원**	垣	垣 垣							
墙	3급 土 16획	墙 墙 墙 墙 墙 墙 墙 墙 墙 墙 墙 墙 墙 墙内(담 장, 안 내) 담 안. 墙垣(담 장, 담 원) 담.							
담 **장**	墙	墙 墙							

易輶攸畏(이유유외) : 군자(君子)는 말을 삼가야 하니 말을 쉽고 가볍게 하는 것은 항상 두려워하며 조심해야 한다.
屬耳垣墙(속이원장) : 그 이유는 사람들의 귀가 담장에 붙어 있어서이다.

具膳飱飯하니 適口充腸이라

반찬 갖춘 밥을 먹으니, 입에 맞아 창자를 채운다.

한자	급수/부수/획수	쓰기 순서 및 뜻
具	5급 / 八 / 8획	丨 冂 冃 月 且 具 具 具 具備(갖출 구, 갖출 비) 빠짐없이 모두 갖춤. 具格(갖출 구, 격식 격) 격식을 갖춤.
갖출 **구**		具　具　具
膳	1급 / 肉 / 16획	刀 刀 月 月 月 胖 胖 胖 胖 胖 胖 膳 膳 膳 膳物(반찬 선, 만물 물) 선사하는 물건. 膳服(반찬 선, 옷 복) 음식과 의복.
반찬 **선**		膳　膳　膳
飱	무급 / 食 / 11획	飱 飱 飱 飱 飱 飱 飱 飱 飱 飱 飱 飱饔(밥 손, 아침밥 옹) ① 저녁밥과 아침밥. ② 밥을 먹음. 飱粥(밥 손, 죽 죽) ① 죽. ② 죽을 먹음.
밥 **손**		飱　飱　飱
飯	3급 / 食 / 13획	丿 𠂊 饣 饣 饣 饣 飣 飯 飯 飯 飯 飯 飯 飯酒(밥 반, 술 주) 밥에 곁들여서 먹는 술. 飯器(밥 반, 그릇 기) 밥그릇.
밥 **반**		飯　飯　飯
適	4급 / 辶 / 15획	適 適 適 適 商 商 商 商 商 商 商 滴 滴 適 適格(맞을 적, 격식 격) 격식에 들어맞음. 適齡(맞을 적, 나이 령) 표준이나 규정에 적당한 나이.
맞을 **적**		適　適　適
口	7급 / 口 / 3획	口 口 口 口味(입 구, 맛 미) 입맛. 口號(입 구, 이름 호) 어떤 주장을 나타내는 간결한 말.
입 **구**		口　口　口
充	5급 / 儿 / 6획	充 充 充 充 充 充 充分(채울 충, 나눌 분) 모자람이 없이 넉넉함. 充實(채울 충, 열매 실) 가득 참. 또는 가득 채움.
채울 **충**		充　充　充
腸	4급 / 肉 / 13획	月 月 月 肠 肠 腸 腸 腸 腸 腸 腸 腸 腸 斷腸(끊을 단, 창자 장) 몹시 슬퍼 창자가 끊어지는 듯함. 肝腸(간 간, 창자 장) 간과 창자.
창자 **장**		腸　腸　腸

具膳飱飯(구선손반) : 군자는 정성스럽게 차린 반찬을 갖추고 밥을 먹는다.
適口充腸(적구충장) : 음식은 자기 입에 맞게 하고 창자를 채울 정도이면 된다.

飽飫하면 烹宰하고 飢하면 厭糟糠이라

배부르면 요리한 고기도 먹기 싫고, 굶주리면 술지게미나 겨도 달게 여긴다.

飽 (3급 食 14획) — 배부를 포
飽食(배부를 포, 먹을 식) 배불리 먹음.
飽滿(배부를 포, 찰 만) 배가 불러서 가득 참.

飫 (무급 食 13획) — 배부를 어
飫聞(배부를 어, 들을 문) 실컷 들음. 잘 알고 있음.
飫宴(배부를 어, 잔치 연) 잔치를 베품.

烹 (무급 火 11획) — 삶을 팽
烹卵(삶을 팽, 알 란) 삶은 계란.
烹熟(삶을 팽, 익을 숙) 충분히 삶음.

宰 (2급 宀 10획) — 재상 재
宰相(재상 재, 서로 상) 임금을 돕고 모든 관리를 지휘하는 벼슬.
宰老(재상 재, 늙을 로) 국정을 다스리는 늙은 신하.

飢 (3급 食 11획) — 주릴 기
飢渴(주릴 기, 목마를 갈) 배고픔과 목마름.
飢餓(주릴 기, 굶을 아) 굶주림.

厭 (2급 厂 14획) — 싫을 염
厭症(싫을 염, 증세 증) 싫증.
厭世(싫을 염, 인간 세) 세상을 괴롭고 귀찮게 여김.

糟 (1급 木 15획) — 지게미 조
糟糠(지게미 조, 겨 강) 술 지게미와 쌀겨. 곧, 변변치 않은 음식.
酒糟(술 주, 지게미 조) 술을 거르고 남은 찌꺼기, 지게미.

糠 (1급 米 17획) — 겨 강
糠糟(겨 강, 지게미 조) 쌀겨와 지게미. 곧, 변변치 않은 음식.
糠粃(겨 강, 쭉정이 비) 겨와 쭉정이. 곧, 거친 식사.

飽飫烹宰(포어팽재) : 배가 부를 때에는 아무리 좋은 음식이라도 먹기가 싫다.
飢厭糟糠(기염조강) : 반대로 배가 고플 때에는 아무리 하찮은 음식이라도 달게 먹는다.

親戚과 故舊는 老少異糧이라

친척(親戚)과 오랜 친구는 늙고 젊음에 따라 먹을 것을 달리해야 한다.

親	6급 見 16획	親 親 親 親 親 親 親 親 親 親 親 親 親 親
		親睦(친할 친, 화목할 목) 서로 친하여 화목함. 親密(친할 친, 빽빽할 밀) 지내는 사이가 가깝고 친함.
친할 **친**	親	親 親

戚	3급 戈 11획	戚 戚 戚 戚 戚 戚 戚 戚 戚 戚 戚
		外戚(바깥 외, 겨레 척) 어머니 쪽의 친척. 親戚(친할 친, 겨레 척) ① 친족과 외척. ② 성이 다른 일가붙이.
겨레 **척**	戚	戚 戚

故	4급 攴 9획	故 故 故 故 故 故 故 故
		故意(연고 고, 뜻 의) 일부러 하려는 뜻. 故國(연고 고, 나라 국) 자기 조상 때부터 살아온 나라.
연고 **고**	故	故 故

舊	5급 白 18획	舊 舊 舊 舊 舊 舊 舊 舊 舊 舊 舊 舊 舊 舊
		舊式(옛 구, 법 식) 옛날 방식. 舊習(옛 구, 익힐 습) 옛적 버릇.
옛 **구**	舊	舊 舊

老	7급 老 6획	老 老 老 老 老 老
		老患(늙을 노, 근심 환) 늙어 쇠약해지면서 생기는 병. 老練(늙을 노, 익힐 련) 경험을 쌓아 일에 숙달함.
늙을 **노(로)**	老	老 老

少	7급 小 4획	少 少 少 少
		少量(적을 소, 헤아릴 량) 적은 분량. 少時(젊을 소, 때 시) 젊을 때.
젊을 **소**	少	少 少

異	4급 田 11획	異 異 異 異 異 異 異 異 異 異 異
		異性(다를 이, 성품 성) ① 다른 성질. ② 남자와 여자. 驚異(놀랄 경, 다를 이) ① 놀라움. ② 놀라서 이상하게 여김.
다를 **이**	異	異 異

糧	4급 米 18획	糧 糧 糧 糧 糧 糧 糧 糧 糧 糧 糧 糧 糧 糧
		糧穀(양식 양, 곡식 곡) 양식으로 사용하는 곡식. 糧米(양식 양, 쌀 미) ① 군량미. ② 양식으로 쓰는 쌀.
양식 **량**	糧	糧 糧

親戚故舊(친척고구) : 혈연 관계에 있는 친척과 오랫동안 사귄 친구는
老少異糧(노소이량) : 늙었는지 젊었는지에 따라 음식을 달리한다.

妾御는 績紡하고 侍巾帷房이라

첩(妾)이나 모시는 여자는 길쌈을 하고, 장막 친 방안에서 수건을 들고 시중든다.

妾	3급 女 8획	妾 妾 妾 妾 妾 妾 妾 妾	
		妾室(첩 첩, 집 실) 첩을 점잖게 일컫는 말. 妾子(첩 첩, 아들 자) 첩이 낳은 자식.	
첩 **첩**	妾		
御	3급 彳 11획	御 御 彳 彳 彳 彳 彳 往 往 御 御	
		御命(임금 어, 목숨 명) 임금의 명령. 御駕(임금 어, 멍에 가) 임금이 타는 수레.	
모실 **어**	御		
績	4급 糸 17획	績 績 績 糸 績 績 績 績 績 績 績 績 績	
		績女(쌓을 적, 여자 녀) 실을 잣는 여자. 實績(열매 실, 쌓을 적) 실제의 업적.	
쌓을 **적**	績		
紡	2급 糸 10획	紡 紡 紡 糸 糸 糸 紡 紡 紡 紡	
		紡績(길쌈 방, 쌓을 적) 섬유를 가공하여 실을 만드는 일. 毛紡(털 모, 길쌈 방) 털실로 모직물을 짜는 일의 총칭.	
길쌈 **방**	紡		
侍	3급 人 8획	侍 侍 侍 侍 侍 侍 侍 侍	
		侍女(모실 시, 여자 녀) 시중을 드는 여자. 侍下(모실 시, 아래 하) 부모나 조부모가 살아 있는 가정 환경.	
모실 **시**	侍		
巾	1급 巾 3획	巾 巾 巾	
		手巾(손 수, 수건 건) 얼굴이나 몸을 닦기 위해 만든 헝겊 조각. 頭巾(머리 두, 수건 건) 남자 상제가 상중에 쓰는, 베로 만든 쓰개.	
수건 **건**	巾		
帷	무급 巾 11획	帷 帷 帷 帷 帷 帷 帷 帷 帷 帷 帷	
		帷幕(장막 유, 장막 막) 장막. 帷房(장막 유, 방 방) 휘장을 친 방. 곧, 내실(內室).	
장막 **유**	帷		
房	4급 戶 8획	房 房 房 房 房 房 房	
		房中(방 방, 가운데 중) 방의 안. 안내. 獨房(홀로 독, 방 방) 혼자서 쓰는 방.	
방 **방**	房		

妾御績紡(첩어적방) : 남자는 밖에서 일하고 여자는 집 안에서 길쌈을 하여 베를 짠다.
侍巾帷房(시건유방) : 여자는 휘장을 친 방 안에서 수건 등을 가지고 남편을 시중든다.

紈扇은 圓潔하며 銀燭은 煒煌이라

흰 깁으로 만든 부채는 둥글고 깨끗하며, 은빛 나는 촛불은 빛나고 환하다.

紈	무급 / 系 / 9획	紈袴(흰 깁 환, 바지 고) 흰 비단 바지. 부귀한 집안의 자제. 紈素(흰 깁 환, 흴 소) 희고 고운 비단.
흰깁 **환**		
扇	1급 / 戶 / 10획	扇動(부채 선, 움직일 동) 남이 어떤 일을 하도록 부채질함. 太極扇(클 태, 지극할 극, 부채 선) 태극 모양이 새겨진 둥근 부채.
부채 **선**		
圓	4급 / 口 / 13획	圓滿(둥글 원, 찰 만) 모난 데가 없이 둥글둥글하고 복스러움. 圓活(둥글 원, 살 활) 일이 막힘이 없이 순조로움.
둥글 **원**		
潔	4급 / 水 / 15획	潔白(맑을 결, 흰 백) 깨끗하고 흰 상태. 純潔(순전할 순, 맑을 결) 더러움이 없이 깨끗한 것.
맑을 **결**		
銀	6급 / 金 / 14획	銀塊(은 은, 덩이 괴) 은덩어리. 銀貨(은 은, 재물 화) 은으로 만든 돈.
은 **은**		
燭	3급 / 火 / 17획	燭臺(촛불 촉, 집 대) 초를 꽂아 놓는 기구. 燭光(촛불 촉, 빛 광) 불의 밝기를 나타내는 단위.
촛불 **촉**		
煒	무급 / 火 / 13획	煒然(빛날 위, 그러할 연) 빛나는 모양. 煒燁(빛날 위, 빛날 엽) 빛남.
빛날 **위**		
煌	1급 / 火 / 13획	煌火(빛날 황, 불 화) 반짝이는 불빛. 輝煌(빛날 휘, 빛날 황) 광채가 빛나서 눈이 부시다.
빛날 **황**		

紈扇圓潔(환선원결) : 비단 부채는 둥글고 깨끗하다.
銀燭煒煌(은촉위황) : 은빛 촛불은 환하게 밝다.

晝眠夕寐하니 藍筍象床이라

낮에는 졸고 밤에는 자니, 대나무 침상과 상아(象牙)로 꾸민 걸상이다.

晝	6급 日 11획	晝晝晝晝晝晝晝晝晝晝晝
		晝夜(낮 주, 밤 야) 낮과 밤. 白晝(흰 백, 낮 주) 환한 대낮.
낮 **주**	晝	
眠	3급 目 10획	眠眠眠眠眠眠眠眠眠眠
		睡眠(졸 수, 잘 면) 잠을 자는 것. 永眠(길 영, 잘 면) 영원히 잠자는 것. 곧, 죽음.
잘 **면**	眠	
夕	7급 夕 3획	夕夕夕
		夕陽(저녁 석, 볕 양) ① 저녁 햇볕. ② 해 질 무렵. 夕刊(저녁 석, 새길 간) 저녁 때에 발행하는 신문.
저녁 **석**	夕	
寐	1급 宀 12획	寐寐寐寐寐寐寐寐寐寐寐寐
		寤寐(잠깰 오, 잘 매) 깨어 있을 때나 잘 때나. 夢寐(꿈 몽, 잘 매) 잠을 자면서 꿈을 꿈.
잘 **매**	寐	
藍	3급 艸 18획	藍藍藍藍藍藍藍藍藍藍藍藍藍藍藍藍
		藍色(쪽 남, 빛 색) 쪽빛. 藍靑(쪽 남, 푸를 청) 짙은 검푸른 빛.
쪽 **남(람)**	藍	
筍	1급 竹 12획	筍筍筍筍筍筍筍筍筍筍筍筍
		筍芽(죽순 순, 싹 아) 죽순. 竹筍(대 죽, 죽순 순) 대의 땅속 줄기에서 자라나는 어린 순.
죽순 **순**	筍	
象	3급 象 12획	象象象象象象象象象象象象
		象牙(코끼리 상, 어금니 아) 코끼리의 윗턱에서 길게 뻗은 두 개의 앞니. 象形(형상 상, 모양 형) 물건의 형상을 본뜸.
코끼리 **상**	象	
床	4급 广 7획	床床床床床床床
		起床(일어날 기, 상 상) 잠자리에서 일어남. 寢床(잠잘 침, 상 상) 누워서 잘 수 있게 만든 평상.
상 **상**	床	

晝眠夕寐(주면석매) : 한가하고 유유자적하게 낮에는 낮잠 자고 저녁에는 편히 잔다.
藍筍象床(남순상상) : 그가 자는 곳은 푸른 대나무로 만든 침상과 코끼리 뼈로 꾸민 걸상이다.

絃歌酒讌하고 接杯擧觴하고

거문고 타고 노래하며 술로 잔치하고, 잔을 쥐고 잔을 들어 올려 권한다.

絃	3급 糸 11획	絃琴(줄 현, 거문고 금) 거문고. 絃樂(줄 현, 풍류 악) 현악기로 연주하는 음악.
줄 **현**	絃	
歌	7급 欠 14획	歌曲(노래 가, 굽을 곡) 노래와 곡조. 歌舞(노래 가, 춤출 무) 노래와 춤.
노래 **가**	歌	
酒	4급 酉 10획	酒席(술 주, 헤아릴 양) 마시고 견디어 낼 만한 술의 분량. 飮酒(마실 음, 술 주) 술을 마심.
술 **주**	酒	
讌	무급 言 23획	讌席(잔치 연, 자리 석) 잔치의 자리. 讌坐(잔치 연, 앉을 좌) 모여서 앉아 이야기함.
잔치 **연**	讌	
接	4급 手 11획	接續(이을 접, 이을 속) 맞대어서 잇는 것. 迎接(맞을 영, 이을 접) 손님을 맞아서 응접하는 것.
이을 **접**	接	
杯	3급 木 8획	杯酒(잔 배, 술 주) 잔에 부은 술. 金杯(쇠 금, 잔 배) 금으로 만든 잔.
잔 **배**	杯	
擧	5급 手 18획	擧手(들 거, 손 수) 손을 위로 들어 올리는 것. 擧國(들 거, 나라 국) 온 나라. 또는, 온 국민 전체.
들 **거**	擧	
觴	1급 角 18획	觴詠(잔 상, 읊을 영) 술을 마시며 시를 읊음. 濫觴(넘칠 상, 잔 상) 사물의 맨 처음.
잔 **상**	觴	

絃歌酒讌(현가주연) : 거문고와 비파 타며 노래하고 술로 잔치를 한다.
接杯擧觴(접배거상) : 술잔을 잡고 들어 서로 주고받으며 권한다.

矯手頓足하니 悅豫且康이라

손을 굽혔다 펴고 발을 구르며 춤추니, 기쁘고 또 강녕(康寧)하다.

矯	3급 矢 17획	矯矯矯矯矯矯矯矯矯矯矯矯矯矯矯矯矯
		矯正(바로잡을 교, 바를 정) 바로잡음. 矯導(바로잡을 교, 이끌 도) 바로 잡아 옳은 방향으로 이끎.
바로잡을 **교**	矯 矯 矯	
手	7급 手 4획	手手手手
		手記(손 수, 기록할 기) 손으로 적음. 擧手(들 거, 손 수) 손을 듦.
손 **수**	手 手 手	
頓	2급 頁 13획	頓頓頓頓頓頓頓頓頓頓頓頓頓
		頓悟(갑자기 돈, 깨달을 오) 문득 깨달음. 整頓(가지런할 정, 가지런할 돈) 가지런히 바로잡음.
두드릴 **돈**	頓 頓 頓	
足	7급 足 7획	足足足足足足足
		滿足(찰 만, 발 족) 마음에 흡족함. 手足(손 수, 발 족) 손과 발.
발 **족**	足 足 足	
悅	3급 心 10획	悅悅悅悅悅悅悅悅悅悅
		悅樂(기쁠 열, 즐길 락) 기뻐하고 즐거워하는 것. 喜悅(기쁠 희, 기쁠 열) 기뻐하고 즐거워함.
기쁠 **열**	悅 悅 悅	
豫	4급 豕 16획	豫豫豫豫豫豫豫豫豫豫豫豫豫豫豫豫
		豫想(미리 예, 생각 상) 미리 생각하는 것. 豫告(미리 예, 알릴 고) 미리 알려줌.
기쁠 **예**	豫 豫 豫	
且	3급 一 5획	且且且且且
		且置(우선 차, 둘 치) 우선 그대로 둠. 제쳐 놓음. 重且大(무거울 중, 또 차, 큰 대) 매우 중대함.
또 **차**	且 且 且	
康	4급 广 11획	康康康康康康康康康康康
		康健(편안할 강, 굳셀 건) 굳세고 건전함. 康寧(편안할 강, 편안할 녕) 건강하고 마음이 편안함.
편안할 **강**	康 康 康	

矯手頓足(교수돈족) : 손님을 초청하여 잔치를 베풀며 흥이 나면 손을 들고 발을 두드리며 춤을 춘다.
悅豫且康(열예차강) : 위와 같이 하는 것은 기뻐하고 또 편안하게 하는 것이다.

嫡後嗣續하야 祭祀는 蒸嘗이라.

맏아들로 뒤를 잇고, 제사에는 증(蒸)과 상(嘗)이 있다.

嫡 **맏 적**	1급 女 14획	嫡 嫡 女 妨 妨 嫡 嫡 嫡 嫡 嫡 嫡 嫡 嫡 嫡子(맏 적, 아들 자) 정실 부인이 낳은 맏아들. 嫡統(맏 적, 계통 통) 적자로 이어져 온 계통.
後 **뒤 후**	7급 彳 9획	後 後 後 後 後 後 後 後 後 後代(뒤 후, 대신 대) ① 뒤의 세대. ② 장래의 세상. 最後(가장 최, 뒤 후) 맨 마지막.
嗣 **이을 사**	1급 口 13획	嗣 嗣 嗣 嗣 嗣 嗣 嗣 嗣 嗣 嗣 嗣 嗣 嗣 嗣君(이을 사, 임금 군) 뒤를 이은 임금. 後嗣(뒤 후, 이을 사) 대를 잇는 아들.
續 **이을 속**	4급 糸 21획	續 續 續 續 續 續 續 續 續 續 續 續 續 續 續 續 續 續 續 續開(이을 속, 열 개) 일단 멈췄던 것을 다시 함. 續出(이을 속, 날 출) 계속 나옴.
祭 **제사 제**	4급 示 11획	祭 クタタタ祭祭祭祭祭祭祭 祭典(제사 제, 법 전) ① 제사 의식. ② 성대한 대회. 祭禮(제사 제, 예도 례) 제사를 지내는 예법이나 예절.
祀 **제사 사**	3급 示 8획	祀 祀 祀 祀 祀 祀 祀 祀 祀天(제사 사, 하늘 천) 하늘에 제사를 지냄. 祭祀(제사 제, 제사 사) 신령이나 죽은 사람에게 음식과 정성을 바치는 의식.
蒸 **찔 증**	3급 艸 14획	蒸 蒸 蒸 蒸 蒸 蒸 蒸 蒸 蒸 蒸 蒸 蒸 蒸 蒸 蒸氣(찔 증, 기운 기) 기체 상태로 되어 있는 물. 수증기. 蒸發(찔 증, 필 발) 액체나 고체가 기체 상태로 변함.
嘗 **맛볼 상**	3급 口 14획	嘗 嘗 嘗 嘗 嘗 嘗 嘗 嘗 嘗 嘗 嘗 嘗 嘗 嘗 嘗 嘗膽(맛볼 상, 쓸개 담) 원수를 갚으려고 괴로움을 참고 견딤. 嘗味(맛볼 상, 맛 미) 맛을 봄. 먹어 봄.

嫡後嗣續(적후사속) : 정실 아내가 낳은 맏아들로 뒤를 계승하여 대를 잇는다.
祭祀蒸嘗(제사증상) : 제사하되, 겨울 제사는 증이라 하고 가을 제사는 상이라 한다.

稽顙再拜하되 悚懼恐惶이라

이마를 땅에 대어 거듭 절하되, 두려워하고 공경해야 한다.

稽	무급 禾 15획	稽稽千稽稽稽稽稽稽稽稽稽稽稽稽稽
		稽古(조아릴 계, 옛 고) 옛 도를 자세히 고찰하는 것. 稽留(머무를 계, 머무를 류) 머무름.
조아릴 **계**	稽	
顙	무급 頁 19획	顙顙顙顙顙顙顙顙顙顙顙顙顙顙顙顙顙顙顙
		顙汗傷(이마 상, 땀 한) 부끄럽거나 두려워 이마에 땀이 남. 拜顙(절 배, 이마 상) 이마가 땅에 닿도록 절함.
이마 **상**	顙	
再	5급 冂 6획	再再冂冉再再
		再建(두 재, 지을 건) 다시 일으켜 세우는 것. 再生(두 재, 날 생) 죽게 되었다가 다시 살아남.
두 **재**	再	
拜	4급 手 9획	拜拜拜手拜拜拜拜拜
		拜禮(절 배, 예도 례) 절을 하는 예. 崇拜(높을 숭, 절 배) 우러러 경배하는 것.
절 **배**	拜	
悚	1급 心 10획	悚悚悚悚悚悚悚悚悚悚
		罪悚(허물 죄, 두려울 송) 죄스럽고 황송함. 惶悚(두려울 황, 두려울 송) 분에 넘치게 고맙고 송구함.
두려울 **송**	悚	
懼	3급 心 21획	懼懼懼懼懼懼懼懼懼懼懼懼懼懼懼懼懼
		悚懼(두려울 송, 두려울 구) 마음에 두렵고 미안함. 疑懼(의심할 의, 두려울 구) 의심하고 두려워함.
두려울 **구**	懼	
恐	3급 心 10획	恐恐恐恐恐恐恐恐恐
		恐怖(두려울 공, 두려워할 포) 두려움이나 무서움. 可恐(가능할 가, 두려울 공) 두려워 하거나 놀랄만함.
두려울 **공**	恐	
惶	1급 心 12획	惶惶惶惶惶惶惶惶惶惶惶惶
		惶恐(두려워할 황, 두려울 공) 높은 자리에 눌리어 두려움. 惶怯(두려울 황, 겁낼 겁) 두렵고 겁이 남.
두려울 **황**	惶	

稽顙再拜(계상재배) : 제사를 지낼 적에는 이마를 조아려 선조에게 두 번 절한다.
悚懼恐惶(송구공황) : 제사는 두려워하며, 엄숙하고 공경함이 지극하게 한다.

牋牒은 簡要하고 顧答은 審詳이라

편지는 간단하고 긴요해야 하고, 안부를 묻거나 답장할 때는 잘 살피고 자세해야 한다.

牋	무급 片 12획	牋 牋 牋 牋 牋 牋 牋 牋 牋 牋 牋 牋
		牋奏(편지 전, 아뢸 주) 천자에게 올리는 상소. 牋翰(편지 전, 편지 한) ① 종이와 붓. ② 편지.
편지 **전**	牋	
牒	1급 片 13획	牒 牒 牒 牒 牒 牒 牒 牒 牒 牒 牒 牒 牒
		牒報(편지 첩, 갚을 보) 상부에 편지로 보고함. 請牒(청할 청, 편지 첩) 경사가 있을 때 남을 초청하는 글.
편지 **첩**	牒	
簡	4급 竹 18획	簡 簡 簡 簡 簡 簡 簡 簡 簡 簡 簡 簡 簡 簡 簡 簡 簡
		簡略(간단할 간, 간략할 략) 단출하고 간단하여 복잡하지 아니함. 簡便(간단할 간, 편할 편) 간단하고 편리함.
간단할 **간**	簡	
要	5급 女 9획	要 要 要 要 要 要 要 要 要
		要求(구할 요, 구할 구) 얻으려고 청하는 것. 要望(구할 요, 바랄 망) 간절히 바라는 것.
구할 **요**	要	
顧	3급 頁 21획	顧 顧 顧 顧 顧 顧 顧 顧 顧 顧 顧 顧 顧 顧 顧 顧 顧
		顧慮(돌아볼 고, 염려할 려) 앞일을 염려함. 回顧(돌아올 회, 돌아볼 고) 지나간 일을 돌이켜 보는 것.
돌아볼 **고**	顧	
答	7급 竹 12획	答 答 答 答 答 答 答 答 答 答 答 答
		答禮(대답할 답, 예도 례) 남에게 받은 예(禮)를 도로 갚는 것. 答狀(대답할 답, 문서 장) 회답하는 편지.
대답할 **답**	答	
審	3급 宀 15획	審 審 審 審 審 審 審 審 審 審 審 審 審
		審査(살필 심, 살필 사) 자세히 조사하는 것. 審議(살필 심, 의논할 의) 심사하고 토의하는 것.
살필 **심**	審	
詳	3급 言 13획	詳 詳 詳 詳 詳 詳 詳 詳 詳 詳 詳 詳
		詳細(자세할 상, 가늘 세) 속속들이 자세함. 仔詳(자세할 자, 자세할 상) 세심하고 찬찬함.
자세할 **상**	詳	

牋牒簡要(전첩간요) : 글과 편지는 간단하고 꼭 필요한 것만 써야 한다.
顧答審詳(고답심상) : 편지로 묻고 답할 때는 자세히 살펴 써야 한다.

骸垢想浴하고 執熱願凉이라

몸에 때가 끼면 목욕할 것을 생각하고, 뜨거운 것을 잡으면 서늘해지기를 바란다.

骸	1급 骨 16획	骸骨(뼈 해, 뼈 골) 몸을 이루고 있는 뼈. 殘骸(남을 잔, 뼈 해) 남아 있는 시체나 물건의 뼈대.												
뼈 **해**	骸													
垢	1급 土 9획	垢汚(때 구, 더러울 오) ① 때가 묻어 더러움. ② 때, 오물. 無垢(없을 무, 때 구) 때가 없이 맑음.												
때 **구**	垢													
想	4급 心 13획	想起(생각할 상, 일어날 기) 지난 일을 생각하여 냄. 感想(느낄 감, 생각할 상) 마음 속에 느끼어 일어나는 생각.												
생각할 **상**	想													
浴	5급 水 10획	浴室(목욕할 욕, 집 실) 목욕할 수 있는 시설을 갖춘 방. 浴槽(목욕할 욕, 구유 조) 목욕물을 담는 통.												
목욕할 **욕**	浴													
執	3급 土 11획	執着(잡을 집, 입을 착) 어떤 일에 마음이 쏠려 매달리는 것. 執念(잡을 집, 생각할 념) 한 가지에만 끈덕지게 마음을 쏟는 것.												
잡을 **집**	執													
熱	5급 火 15획	熱氣(뜨거울 열, 기운 기) 뜨거운 기운. 熱狂(뜨거울 열, 미칠 광) 너무 기쁘거나 감동하여 광적으로 흥분하는 것.												
뜨거울 **열**	熱													
願	5급 頁 19획	願書(바랄 원, 글 서) 청원하는 내용을 적은 서류. 所願(바 소, 바랄 원) 원하는 것. 또는 그 원하는 바.												
바랄 **원**	願													
凉	3급 冫 10획	納凉(들일 납, 서늘할 량) 여름철에 더위를 피하여 시원함을 맛 보는 것. 淸凉(맑을 청, 서늘할 량) 맑고 서늘함.												
서늘할 **량**	凉													

骸垢想浴(해구상욕) : 몸에 때가 끼면 목욕하기를 생각한다.
執熱願凉(집열원량) : 손에 뜨거운 물건을 잡으면 시원한 것을 원한다.

驢騾犢特이 駭躍超驤이라

나귀와 노새와 송아지는 놀라 뛰고 훌쩍 달린다.

驢 / 무급 馬 26획
驢車(나귀 여, 수레 거) 당나귀가 끄는 수레.
驢馬(나귀 여, 말 마) ① 당나귀. ② 당나귀와 말.
나귀 **여(려)** 驢

騾 / 무급 馬 21획
騾綱(노새 나, 벼리 강) 짐을 실은 노새의 행렬.
騾驢(노새 나, 나귀 려) ① 노새와 나귀. ② 평범한 사람.
노새 **라** 騾

犢 / 무급 牛 19획
犢牛(송아지 독, 소 우) 송아지.
舐犢(핥을 지, 송아지 독) 어미 소가 송아지를 핥아주는 사랑.
송아지 **독** 犢

特 / 6급 牛 10획
特權(특별할 특, 권세 권) 특별히 가지는 권리.
特技(특별할 특, 재주 기) 특별한 재주나 기능.
특별할 **특** 特

駭 / 1급 馬 16획
駭怪(놀랄 해, 괴이할 괴) 매우 괴이함.
駭擧(놀랄 해, 들 거) 해괴한 짓.
놀랄 **해** 駭

躍 / 2급 足 21획
躍進(뛸 약, 나갈 진) 힘차게 앞으로 뛰어나가는 것.
跳躍(뛸 도, 뛸 약) 몸을 위로 솟구쳐 뛰는 것.
뛸 **약** 躍

超 / 3급 走 12획
超越(뛰어넘을 초, 넘을 월) 한도나 표준을 뛰어넘음.
超人(뛰어넘을 초, 사람 인) 보통보다 훨씬 뛰어난 능력을 가진 사람.
뛰어넘을 **초** 超

驤 / 무급 馬 27획
高驤(높을 고, 달릴 양) ① 뛰어 넘음. ② 높이 뛰어 나름.
龍驤(용 용, 달릴 양) 높이 뛰어 오르는 모양.
달릴 **양** 驤

驢騾犢特(여라독특) : 세상이 평화롭고 가축이 번성하기 때문에 나귀와 노새와 송아지가
駭躍超驤 (해약초양) : 놀라 뛰고 달리며 논다.

誅斬賊盜하고 捕獲叛亡이라

도적을 처벌하고 베며, 배반하고 도망한 자를 잡고 노획한다.

誅	1급 言 13획	誅誅誅誅誅誅誅誅誅誅誅誅誅
		誅滅(벨 주, 멸할 멸) 죄인을 쳐죽여 멸함. 誅殺(벨 주, 죽일 살) 죄인을 죽임.
벨 **주**	誅	
斬	2급 斤 11획	斬斬斬斬斬斬斬斬斬斬斬
		斬首(벨 참, 머리 수) 목을 베어 죽임. 斬刑(벨 참, 형벌 형) 목을 베어 죽이는 형벌.
벨 **참**	斬	
賊	4급 貝 13획	賊賊賊賊賊賊賊賊賊賊賊賊賊
		山賊(뫼 산, 도적 적) 산에 숨어서 도적질하는 사람. 盜賊(도적 도, 도적 적) 남의 물건을 훔치거나 빼앗는 사람.
도적 **적**	賊	
盜	4급 皿 12획	盜盜盜盜盜盜盜盜盜盜盜盜
		盜癖(도적 도, 버릇 벽) 남의 물건을 훔치는 버릇. 强盜(강할 강, 도적 도) 폭행이나 협박으로 남의 재물을 빼앗는 도둑.
도적 **도**	盜	
捕	3급 手 10획	捕捕捕捕捕捕捕捕捕捕
		捕縛(잡을 포, 묶을 박) 잡아서 묶는 것. 逮捕(미칠 체, 잡을 포) 범죄 혐의가 있는 사람을 강제로 잡는 것.
잡을 **포**	捕	
獲	3급 犭 17획	獲獲獲獲獲獲獲獲獲獲獲獲獲獲獲獲獲
		獲得(얻을 획, 얻을 득) 얻어 가짐. 자기의 것으로 만드는 것. 捕獲(잡을 포, 얻을 획) 짐승, 물고기, 적병(敵兵)등을 사로잡는 것을 뜻함.
얻을 **획**	獲	
叛	3급 又 9획	叛叛叛叛叛叛叛叛叛
		叛亂(배반할 반, 어지러울 란) 정권을 타도하기 위하여 일으키는 폭력 활동. 背叛(등 배, 배반할 반) 믿음을 저버리고 돌아섬.
배반할 **반**	叛	
亡	5급 亠 3획	亡亡亡
		亡國(도망 망, 나라 국) ① 망한 나라. ② 나라를 망침. 亡命(도망 망, 목숨 명) 사상·정치적 이유로 자기 나라에서 외국으로 옮김.
도망 **망**	亡	

誅斬賊盜(주참적도) : 역적과 사람을 해치고 도둑질하는 자를 처벌하고 목을 벤다.
捕獲叛亡(포획 반망) : 배반하고 도망하는 자를 잡아 죄를 다스려 법을 바로잡는다.

布射僚丸하며 嵇琴阮嘯라

여포는 활쏘기를 잘 하였고, 웅의료는 탄환을 잘 놀렸으며,
혜강은 거문고를 잘 타고, 완적은 휘파람을 잘 불었다.

布	4급 巾 5획	布木(베 포, 나무 목) 베와 무명. 流布(흐를 유, 베 포) 세상에 널리 퍼지는 것.
베 포	布	
射	4급 寸 10획	射擊(쏠 사, 칠 격) 화포·총·활등을 쏨. 發射(필 발, 쏠 사) 총·대포·로킷을 쏘는 일.
쏠 사	射	
僚	2급 人 14획	官僚(벼슬 관, 동료 료) 정부의 관리. 同僚(같을 동, 동료 료) 함께 일하는 사람.
동료 료	僚	
丸	3급 丶 3획	丸藥(알 환, 약 약) 알약. 彈丸(탄알 탄, 알 환) 탄알.
탄환 환	丸	
嵇	무급 山 12획	嵇侍中血(메 혜, 모실 시, 가운데 중, 피 혈) 충신(忠臣)의 피. 진(晉)나라 시중(侍中)이었던 혜소(嵇紹)의 고사에서 온 말.
메 혜	嵇	
琴	3급 王 12획	琴書(거문고 금, 책 서) 거문고를 타는 것과 독서. 琴瑟(거문고 금, 비파 슬) 거문고와 비파.
거문고 금	琴	
阮	1급 阝 7획	阮丈(성 완, 어른 장) 남의 삼촌의 높임말. 阮咸(성 완, 모두 함) 악기 이름.
성 완	阮	
嘯	무급 口 16획	嘯詠(읊을 소, 읊을 영) 시나 노래를 읊음. 長嘯(길 장, 휘파람 소) 휘파람을 길게 붊.
휘파람 소	嘯	

布射僚丸(포사료환) : 한나라의 여포는 활을 잘 쏘았고, 의료는 탄자를 잘 던졌다.
嵇琴阮嘯(혜금완소) : 위나라의 혜강은 거문고를 잘 타고, 완적은 휘파람을 잘 불었다.

恬筆倫紙하고 鈞巧任釣라

몽념(蒙恬)은 붓을 만들고, 채륜(蔡倫)은 종이를 만들었으며,
마균(馬鈞)은 교묘한 재주가 있었고, 임공자(任公子)는 낚시를 만들었다.

恬	무급 心 8획	恬 恬 恬 恬 恬 恬 恬 恬 恬
		恬淡(편안할 염, 맑을 담) 욕심이 없고 마음이 담담함. 恬安(편안할 염, 편안할 안) 마음이 평온함.
편안할 염(념)	恬	恬 恬

筆	5급 竹 12획	筆 筆 筆 筆 筆 筆 筆 筆 筆 筆 筆 筆
		筆記(붓 필, 적을 기) 글씨를 씀. 筆墨(붓 필, 먹 묵) 붓과 먹.
붓 필	筆	筆 筆

倫	3급 人 10획	倫 倫 倫 倫 倫 倫 倫 倫 倫 倫
		倫理(인륜 윤, 이치 리) 사람으로 마땅히 행하고 지켜야 할 도리. 悖倫(거스릴 패, 인륜 륜) 인간의 도리에 어그러지는 것.
인륜 륜	倫	倫 倫

紙	7급 糸 10획	紙 紙 紙 紙 紙 紙 紙 紙 紙 紙
		紙幣(종이 지, 화폐 폐) 종이돈. 白紙(흰 백, 종이 지) 흰 종이.
종이 지	紙	紙 紙

鈞	무급 金 12획	鈞 鈞 鈞 鈞 鈞 鈞 鈞 鈞 鈞 鈞 鈞
		鈞陶(녹로 균, 질그릇 도) 녹로를 돌려 오지그릇을 빚음. 千鈞(일천 천, 무게단위 균) 매우 무거운 무게 또는 그런 물건.
무게단위 균	鈞	鈞 鈞

巧	3급 工 5획	巧 巧 巧 巧 巧
		巧猾(공교할 교, 교활할 활) 간사하고 꾀가 많음. 精巧(정밀할 정, 공교할 교) 정밀하고 교묘함.
공교할 교	巧	巧 巧

任	5급 人 6획	任 任 任 任 任 任
		任命(맡길 임, 목숨 명) 일정한 직무를 맡기는 것. 責任(꾸짖을 책, 맡길 임) 맡아서 행하지 않으면 안 되는 임무.
맡길 임	任	任 任

釣	2급 金 11획	釣 釣 釣 釣 釣 釣 釣 釣 釣 釣 釣
		釣竿(낚시 조, 대줄기 간) 낚싯대. 釣臺(낚시 조, 대 대) 낚시터.
낚시 조	釣	釣 釣

恬筆倫紙(염필륜지) : 몽염은 토끼털로 처음 붓을 만들었고, 채륜은 처음 종이를 만들었다.
鈞巧任釣(균교임조) : 마균은 재주가 뛰어나 지남거를 만들었고, 임공자는 낚시를 만들었다.

釋紛利俗하니 竝皆佳妙라

어지러움을 풀어 세상을 이롭게 하니, 아울러 모두 아름답고 묘하였다.

釋	3급 釆 20획	釋釋釋釆釆釆釆釆釋釋釋釋釋釋釋釋釋釋
		釋放(풀을 석, 놓을 방) 구속된 사람을 풀어 자유롭게 하는 것. 解釋(풀 해, 풀 석) 알기 쉽게 풀어 풀이함.
풀을 석	釋	

紛	3급 糸 10획	紛紛紛糸糸紛紛紛紛紛
		紛紛(어지러울 분, 어지러울 분) 뒤숭숭하고 수선스러움. 紛末(어지러울 분, 끝 말) 가루.
어지러울 분	紛	

利	6급 刀 7획	利利利利利利利利
		利點(이로울 이, 점 점) 이익이 되는 점. 暴利(사나울 폭, 이로울 리) 부당한 이득.
이로울 리	利	

俗	4급 人 9획	俗俗俗俗俗俗俗俗俗
		俗談(풍속 속, 말씀 담) 예로부터 민간에 전해오던 격언. 風俗(바람 풍, 풍속 속) 예로부터 전해온 생활 전반에 걸친 습관.
풍속 속	俗	

竝	3급 立 10획	竝竝竝竝竝竝竝竝竝竝
		竝立(아우를 병, 설 립) 나란히 함께 섬. 竝設(아우를 병, 베풀 설) 한군데 아울러 설치함.
아우를 병	竝	

皆	3급 白 9획	皆皆皆皆皆皆皆皆皆
		皆勤(다 개, 부지런할 근) 하루도 빠짐없이 출석·출근함. 擧皆(들 거, 다 개) 거의 모두.
다 개	皆	

佳	3급 人 8획	佳佳佳佳佳佳佳佳
		佳人(아름다울 가, 사람 인) 아름다운 여자. 미인. 佳作(아름다울 가, 지을 작) 잘된 작품.
아름다울 가	佳	

妙	4급 女 7획	妙妙妙妙妙妙妙
		妙味(묘할 묘, 맛 미) 미묘한 재미나 흥취. 妙技(묘할 묘, 재주 기) 교묘한 기술과 재주.
묘할 묘	妙	

釋紛利俗(석분리속) : 이상 여덟 사람은 세상의 어지러움을 풀어 생활을 이롭게 하였다.
竝皆佳妙(병개가묘) : 이들의 기술은 모두가 아름다우며 교묘한 것이었다.

毛施淑姿하야 工嚬姸笑이니라

모장(毛嬙)과 서시(西施)는 생김새가 아름다워, 공교롭게 찡그리고 쉽게 웃었다.

毛	4급 毛 4획	毛毛毛毛
		毛髮(터럭 모, 터럭 발) 사람의 머리털. 毛皮(터럭 모, 가죽 피) 털가죽.
터럭 **모**	毛	
施	4급 方 9획	施施施施施施施施施
		施主(베풀 시, 주인 주) 승려나 절에 물건을 베풀어 줌. 施工(베풀 시, 장인 공) 공사를 착수하여 진행함.
베풀 **시**	施	
淑	3급 水 11획	淑淑淑淑淑淑淑淑淑淑淑
		淑女(맑을 숙, 여자 녀) ① 정숙한 여자. ② 덕행(德行)을 모두 갖춘 부녀. 賢淑(어질 현, 맑을 숙) 여자의 마음이 어질고 정숙함.
맑을 **숙**	淑	
姿	4급 女 9획	姿姿姿姿姿姿姿姿姿
		姿態(모양 자, 태도 태) 몸을 가지는 태도나 맵시. 姿勢(모양 자, 형세 세) 몸을 가누는 모양.
모양 **자**	姿	
工	7급 工 3획	工工工
		工場(장인 공, 마당 장) 생산 설비를 가지고 상품을 만드는 곳. 工作(장인 공, 지을 작) 물건을 만드는 일.
장인 **공**	工	
嚬	1급 口 19획	嚬嚬嚬嚬嚬嚬嚬嚬嚬嚬嚬嚬嚬嚬嚬嚬嚬嚬嚬
		嚬蹙(찡그릴 빈, 부끄러울 축) 불쾌하여 얼굴을 찡그림. 效嚬(본받을 효, 찡그릴 빈) 함부로 남을 흉내 냄.
찡그릴 **빈**	嚬	
姸	2급 女 9획	姸姸姸姸姸姸姸姸姸
		姸麗(고을 연, 고을 려) 어여쁘고 아름다움. 姸醜(고을 연, 추할 추) 생김새의 아름다움과 추함.
고을 **연**	姸	
笑	4급 竹 10획	笑笑笑笑笑笑笑笑笑笑
		笑顔(웃음 소, 얼굴 안) 웃는 얼굴. 微笑(작을 미, 웃을 소) 소리를 내지 않고 빙긋이 웃는 것.
웃을 **소**	笑	

毛施淑姿(모시숙자) : 절세의 미인 모장과 서시는 자태가 아름다웠다.
工嚬姸笑(공빈연소) : 두 미인은 공교롭게 찡그리고 어여쁘게 웃었다.

年矢每催하고 羲暉朗曜라

세월은 화살 같이 늘 재촉하지만, 햇빛은 밝고 빛나기만 하구나.

年	8급 干 6획	年 年 年 年 年 年 年齒(해 연, 이 치) 나이. 今年(이제 금, 해 년) 올해.
해 **연(년)**	年	年 年
矢	3급 矢 5획	矢 矢 矢 矢 矢 矢言(화살 시, 말씀 언) 아주 굳게 언약함. 弓矢(활 궁, 화살 시) 활과 화살.
화살 **시**	矢	矢 矢
每	7급 母 7획	每 每 每 每 每 每 每 每樣(매양 매, 모양 양) 항상 그 모양으로. 每事(매양 매, 일 사) 일마다.
매양 **매**	每	每 每
催	3급 人 13획	催 催 催 催 催 催 催 催 催 催 催 催 催 催眠(재촉할 최, 잘 면) 잠이 오게 함. 開催(열 개, 재촉할 최) 모임·행사 따위를 엶.
재촉할 **최**	催	催 催
羲	2급 羊 16획	羲 羲 羲 羲 羊 羲 羲 羲 羲 羲 羲 羲 羲 羲 羲 羲和(사람이름 희, 화합할 화) 중국 고대 관직 이름. 伏羲氏(엎드릴 복, 사람이름 희, 성씨 씨) 중국 신화에 나오는 중국의 제왕.
사람이름 **희**	羲	羲 羲
暉	무급 日 13획	暉 暉 暉 暉 暉 暉 暉 暉 暉 暉 暉 暉 暉 暉映(빛날 휘, 비칠 영) 광채가 남. 暉暉(빛날 휘, 빛날 휘) 하늘이 맑고 밝은 모양.
빛날 **휘**	暉	暉 暉
朗	5급 月 11획	朗 朗 朗 朗 朗 朗 朗 朗 朗 朗 朗讀(밝을 낭, 읽을 독) 소리를 높이어 읽음. 朗朗(밝을 낭, 밝을 랑) ① 소리가 명랑한 모양. ② 밝은 모양.
밝을 **랑**	朗	朗 朗
曜	5급 日 18획	曜 曜 曜 曜 曜 曜 曜 曜 曜 曜 曜 曜 曜 曜 曜 曜 曜 曜 曜曜(빛날 요, 빛날 요) 빛나는 모양. 曜日(빛날 요, 날 일) 1주일의 각 날의 이름.
빛날 **요**	曜	曜 曜

年矢每催(연시매최) : 세월은 화살처럼 빨라 항상 다음 해를 재촉한다.
羲暉朗曜(희휘랑요) : 날마다 떠오르는 태양이 온 누리를 밝게 비춰준다.

璇璣懸斡하고 晦魄環照라

선기옥형(璇璣玉衡)은 매달린 채로 돌고, 어두워졌다가 다시 밝아져 순환하여 비춘다.

璇	2급 玉 15획	璇玉(구슬 선, 옥 옥) 아름다운 옥. 璇源(구슬 선, 근원 원) 주옥(珠玉)이 산출되는 강물.
구슬 선		

璣	2급 玉 16획	璣組(구슬 기, 짤 조) 구슬을 꿴 꾸러미. 珠璣(구슬 주, 구슬 기) 온갖 구슬.
구슬 기		

懸	3급 心 20획	懸隔(매달 현, 떨어질 격) 아주 차이가 큼. 懸板(매달 현, 널 판) 글씨나 그림을 새겨 벽에 다는 널 조각.
매달 현		

斡	1급 斗 14획	斡旋(돌 알, 돌 선) ① 돎. 돌림. ② 다른 사람의 일이 잘 될 수 있도록 주선하여 줌.
돌 알		

晦	1급 日 11획	晦朔(그믐 회, 초하루 삭) 그믐과 초하루. 晦日(그믐 회, 날 일) 그믐날.
그믐 회		

魄	1급 鬼 15획	氣魄(기운 기, 넋 백) 씩씩한 기력과 진취성 있는 기상. 魂魄(혼 혼, 넋 백) 넋.
넋 백		

環	4급 玉 17획	環境(고리 환, 지경 경) 자연적 조건이나 사회적 상황. 指環(손가락 지, 고리 환) 가락지. 반지.
고리 환		

照	3급 火 13획	照明(비출 조, 밝을 명) 빛으로 밝게 비추는 것. 對照(대할 대, 비출 조) 마주 대어 비교해 봄.
비칠 조		

璇璣懸斡(선기현알) : 옛날에는 선기(璇璣)를 매달아놓고 돌려가며 천체의 움직임과 위치를 관측하였다.
晦魄環照(회백환조) : 달은 그믐에 어두워졌다가 초하루에 다시 밝아져서 돌고 돌아 세상을 비춰준다.

指薪修祐하야 永綏吉邵라

섶의 불씨를 가리켜 복을 닦음을 비유하니, 오래도록 편안하여 길상(吉祥)이 높아지리라.

指	4급 手 9획	指指指指指指指指指
		指定(가리킬 지, 정할 정) 가리켜 정함. 指環(손가락 지, 고리 환) 가락지. 반지.
가리킬 **지**	指	
薪	1급 艸 17획	薪薪薪薪薪薪薪薪薪薪薪薪薪薪薪薪薪
		薪木(섶 신, 나무 목) 섶나무. 땔나무. 薪水(섶 신, 물 수) ① 땔나무와 물. ② 나무를 하고 물을 길음.
섶 **신**	薪	
修	4급 人 10획	修修修修修修修修修
		修了(닦을 수, 마칠 료) 일정한 과정을 배워서 마침. 修業(닦을 수, 업 업) 학업 또는 기예를 닦음.
닦을 **수**	修	
祐	2급 示 10획	祐祐祐祐祐祐祐祐祐祐
		祐助(도울 우, 도울 조) 하늘의 도움과 신의 도움. 天祐(하늘 천, 복 우) 하늘의 도움.
복 **우**	祐	
永	6급 水 5획	永永永永永
		永遠(길 영, 멀 원) 어떤 상태가 끝없이 이어짐. 永眠(길 영, 잠 면) 영원한 잠. 곧, 죽음.
길 **영**	永	
綏	무급 糸 13획	綏綏綏綏綏綏綏綏綏綏綏綏綏
		綏撫(편안할 수, 어루만질 무) 어루만져 편안하게 함. 綏定(편안할 수, 정할 정) 나라를 안정시킴.
편안할 **유**	綏	
吉	5급 口 6획	吉吉吉吉吉吉
		吉日(좋을 길, 날 일) 좋은 날. 吉凶(좋을 길, 흉할 흉) 행복과 불행.
좋을 **길**	吉	
邵	2급 阝 8획	邵邵邵邵邵邵邵邵
		年高德邵(해 년, 높을 고, 덕 덕, 높을 소) 나이도 많고 덕도 높음.
높을 **소**	邵	

指薪修祐(지신수우) : 섶은 타서 없어져도 불씨는 전해지는 것을 가리켜 선행(善行)을 쌓아 복을 부른다.
永綏吉邵(영유길소) : 이와 같이 하면 영원히 편안하고 상서로움이 높아질 것이다.

矩步引領하고 俯仰廊廟라

걸음을 바르게 하고 옷깃을 바르게 여미며, 조정(朝廷)에 오르내린다.

矩	1급 矢 10획	矩矩矩矩矩矩矩矩矩矩
		矩度(법 구, 법도 도) 법도. 법칙. 規矩(그림쇠 규, 곱자 구) 그림쇠와 곱자. 사물의 표준이 되는 것.
법 **구**	矩	

步	4급 止 7획	步步步步步步步
		步行(걸을 보, 갈 행) 걸어서 감. 進步(나갈 진, 걸을 보) 사물의 내용이나 정도가 향상되는 것.
걸을 **보**	步	

引	4급 弓 4획	引引引引
		引力(끌 인, 힘 력) 끌어당기는 힘. 引上(끌 인, 윗 상) 물가, 요금, 봉급 따위를 올림.
끌 **인**	引	

領	5급 頁 14획	領領領領領領領領領領領領領領
		領收(받을 영, 받을 수) 받아 들임. 領土(거느릴 영, 흙 토) 한 나라의 통치권이 미치는 지역.
옷깃 **령**	領	

俯	1급 人 10획	俯俯俯俯俯俯俯俯俯俯
		俯瞰(구부릴 부, 볼 감) 고개를 숙이고 봄. 俯伏(구부릴 부, 엎드릴 복) 고개를 숙이고 엎드림.
구부릴 **부**	俯	

仰	3급 人 6획	仰仰仰仰仰仰
		仰望(우러를 앙, 바랄 망) 우러러 바람. 仰慕(우러를 앙, 사모할 모) 우러러 사모함.
우러를 **앙**	仰	

廊	3급 广 13획	廊廊廊廊廊廊廊廊廊廊廊廊廊
		畵廊(그림 화, 행랑 랑) 그림 등 미술품을 진열하여 전시하는 곳. 行廊(갈 행, 행랑 랑) 대문의 양쪽이나 문간 옆에 있는 방.
행랑 **랑**	廊	

廟	3급 广 15획	廟廟廟廟廟廟廟廟廟廟廟廟廟廟廟
		廟堂(사당 묘, 집 당) 종묘와 명당(明堂). 곧, 조정. 宗廟(마루 종, 사당 묘) 역대 제왕의 위패를 모시는 왕실의 사당.
사당 **묘**	廟	

矩步引領(구보인령) : 걸음을 법도에 맞게 바르게 하고 옷차림을 단정하게 한다.
俯仰廊廟(부앙랑묘) : 조정에 오르내리면서 나랏일이 잘 되도록 애쓴다.

束帶矜莊하고 徘徊瞻眺라

띠를 묶고 있을 때는 몸을 바르게 가지고 씩씩하며
배회(徘徊)하니 사람들이 우러러 본다.

束	5급 木 7획	束縛(묶을 속, 얽을 박) 얽어매어 구속함. 結束(묶을 결, 묶을 속) 동여맴.
묶을 속	束	
帶	4급 巾 11획	帶同(띠 대, 함께 동) 함께 데리고 감. 玉帶(구슬 옥, 띠 대) 옥으로 만든 띠.
띠 대	帶	
矜	1급 矛 9획	矜持(자랑할 긍, 가질 지) 자신의 능력을 믿음으로써 가지는 자랑. 自矜(스스로 자, 자랑할 긍) 자기 스스로 하는 자랑.
자랑할 긍	矜	
莊	3급 艸 11획	莊嚴(씩씩할 장, 엄할 엄) 씩씩하고 엄숙함. 山莊(메 산, 별장 장) 산 속에 지은 별장.
씩씩할 장	莊	
徘	1급 彳 11획	徘翔(배회할 배, 날을 상) 빙빙 돌면서 낢. 徘徊(배회할 배, 배회할 회) 일정한 목표가 없이 천천히 이리저리 거닒.
배회할 배	徘	
徊	1급 彳 9획	徊徨(배회할 회, 노닐 황) ① 정처 없이 떠돌아다님. ② 불안해하거나 근심하는 모양.
배회할 회	徊	
瞻	2급 目 18획	瞻望(볼 첨, 볼 망) 바라봄. 瞻仰(볼 첨, 우러를 앙) 우러러봄.
볼 첨	瞻	
眺	1급 目 11획	眺臨(볼 조, 임할 림) 내려다 봄. 眺望(볼 조, 바랄 망) 먼 데를 바라봄.
볼 조	眺	

束帶矜莊(속대긍장) : 군자는 조정에서 관대를 묶고 일할 때는 몸가짐을 바르게 하고 씩씩하게 한다.
徘徊瞻眺(배회첨조) : 군자가 목적 없이 이리저리 돌아다닐 때는 사람들이 공경하여 우러러 본다.

孤陋寡聞하면 愚蒙을 等誚라

고루(孤陋)하고 배움이 적으면 어리석고 아둔한 자와 똑같이 꾸짖는다.

孤	4급 子 8획	孤了孤孤孤孤孤孤孤
		孤獨(외로울 고, 홀로 독) 혼자서 외로운 것. 孤兒(외로울 고, 아이 아) 부모를 여의어 몸 붙일 곳이 없는 아이.
외로울 **고**	孤	

陋	1급 阝 9획	陋陋陋陋陋陋陋陋陋
		陋名(더러울 누, 이름 명) 억울하게 뒤집어 쓴 불명예. 陋醜(더러울 누, 추할 추) 지저분하고 더러움.
더러울 **루**	陋	

寡	3급 宀 14획	寡寡寡寡寡寡宓宓寡寡寡寡寡寡
		寡默(적을 과, 침묵할 묵) 말수가 적음. 多寡(많을 다, 적을 과) 많음과 적음.
적을 **과**	寡	

聞	6급 耳 14획	聞聞聞聞聞門門門聞聞聞聞聞聞
		聞見(들을 문, 볼 견) 보고 들은 것. 風聞(바람 풍, 들을 문) 세상에 떠도는 소문.
들을 **문**	聞	

愚	3급 心 13획	愚愚愚愚愚昌禺禺禺禺愚愚愚
		愚鈍(어리석을 우, 둔할 둔) 어리석고 둔함. 愚昧(어리석을 우, 어두울 매) 어리석고 몽매함.
어리석을 **우**	愚	

蒙	3급 艸 14획	蒙蒙蒙蒙蒙蒙蒙蒙蒙蒙蒙蒙蒙蒙
		蒙昧(어릴 몽, 어두울 매) 사리에 어리석고 어두움. 啓蒙(열 계, 어릴 몽) 바른 생각을 가지도록 깨우쳐 주는 것.
몽매할 **몽**	蒙	

等	6급 竹 12획	等等等等等等等等等等等等
		等位(등급 등, 자리 위) 지위, 상하의 구별. 等閑(등급 등, 한가할 한) 대수롭게 여기지 아니함.
등급 **등**	等	

誚	무급 言 14획	誚誚誚誚誚誚誚誚誚誚誚誚誚誚
		誚惱(꾸짖을 초, 머리 뇌) 근심하고 애태움. 誚讓(꾸짖을 초, 꾸짖을 양) 아랫사람을 꾸짖어 나무람.
꾸짖을 **초**	誚	

孤陋寡聞(고루과문) : 홀로 배워 누추(陋醜)하고 보고 들은 것이 적다.
愚蒙等誚(우몽등초) : 위와 같으면 어리석고 몽매한 자와 똑같이 꾸짖음을 듣게 된다.

謂語助者는 焉哉乎也니라

어조사(語助辭)라 일컫는 것은, 언(焉)·재(哉)·호(乎)·야(也)이다.

謂	3급 言 16획	謂謂謂謂謂謂謂謂謂謂謂謂謂謂謂謂
		所謂(바 소, 이를 위) 이른바. 願謂(원할 원, 이를 위) 축원할 때에 하는 말.
이를 **위** 謂		謂 謂

語	7급 言 14획	語語語語語語語語語語語語語語
		語學(말씀 어, 배울 학) 언어를 연구하거나 습득하는 학문. 國語(나라 국, 말씀 어) 그 나라의 국민이 사용하는 말.
말씀 **어** 語		語 語

助	4급 力 7획	助助助助助助助助
		助力(도울 조, 힘 력) 힘을 도와주는 것. 協助(화할 협, 더할 조) 힘을 모아 서로 돕는 것.
도울 **조** 助		助 助

者	6급 老 9획	者者者者者者者者者
		勝者(이길 승, 사람 자) 싸움이나 경기에서 이긴 사람. 이긴 편. 敗者(패할 패, 사람 자) 싸움이나 경기에서 패한 사람. 패한 편.
사람 **자** 者		者 者

焉	3급 火 11획	焉焉焉焉焉焉焉焉焉焉焉
		焉敢(어찌 언, 구태 감) 어찌 감히. 감히 하지 못함을 뜻함. 終焉(마칠 종, 어조사 언) 없어지거나 죽어서 존재가 사라짐.
어조사 **언** 焉		焉 焉

哉	3급 口 9획	哉哉哉哉哉哉哉哉
		嗚呼痛哉(탄식할 오, 부를 호, 아플 통, 어조사 재) '비통하다' 의 뜻 快哉(쾌할 쾌, 어조사 재) 통쾌하게 여김.
어조사 **재** 哉		哉 哉

乎	3급 丿 5획	乎乎乎乎乎
		斷乎(끊을 단, 어조사 호) 엄격함. 嗟乎(탄식할 차, 어조사 호) 슬픔을 탄식하는 말.
어조사 **호** 乎		乎 乎

也	3급 乙 3획	也也也
		也已(어조사 야, 이미 이) 긍정이나 감탄을 나타내는 어조사. 也夫(어조사 야, 대저 부) 감탄을 나타내는 어조사.
어조사 **야** 也		也 也

謂語助者(위어조자) : 어조사라고 하는 것은
焉哉乎也(언재호야) : 언자(焉字), 재자(哉字), 호자(乎字), 야자(也字)이다.